Genevieve Lloyd

Das Patriarchat der Vernunft

"Männlich" und "weiblich" in der westlichen Philosophie

Daedalus Verlag
Bielefeld

Aus dem Englischen von Adriane Rinsche

CIP-Kurztitelaufnahme der Deutschen Bibliothek

Lloyd, Genevieve:
Das Patriarchat der Vernunft: "männlich" u.
"weiblich" in d. westl. Philosophie / Genevieve
Lloyd. [Aus d. Engl. von Adriane Rinsche]. —
Bielefeld: Daedalus-Verlag, 1985.
Einheitssacht.: The man of reason ‹dt.›
ISBN 3-89126-014-8

Die Originalausgabe erschien unter dem Titel *The Man of Reason. "Male" and "Female" in Western Philosophy* 1984
bei Methuen & Co. Ltd., London.

Umschlagentwurf Dieter Kreuchauff, Everswinkel
Satz Hanke & Pettke GmbH, Bielefeld
Druck Lengericher Handelsdruckerei, Lengerich
Printed in Germany

VVA 342/48014
ISBN 3-89126-014-8

Inhalt

Danksagungen

Ich möchte Kanthi Fernando für die Textverarbeitung danken; Catriona Mackenzie für bibliographische Unterstützung. Besonders dankbar bin ich Jonathan Rée für Anregungen, Ermutigung und konstruktive Kritik.

Einige Teile der vorliegenden Veröffentlichung sind in ähnlicher Form zuvor in folgenden Zeitschriften erschienen: *The Man of Reason* in: *Metaphilosophy*, 10 (1, 1979), S. 18–37; *Masters, slaves and others* in: *Radical Philosophy*, 34 (Sommer 1983), S. 2–8; *Rousseau on Reason, Nature and Women* in: *Metaphilosophy*, 14 (3/4, 1983), S. 308–26; *Reason, gender and morality in the history of philosophy* in: *Social Research* 50 (3, 1983), S. 490–513; *Public Reason and private passion* in: *Politics*, 18 (2, 1983), S. 27–35; *History and the critique of Reason* in: *Critical Philosophy*, 1 (1, 1984), S. 5–23.

Einleitung

Der Anspruch, daß die Vernunft "männlich" sei, beschwört im Zusammenhang der gegenwärtigen philosophischen Diskussion unweigerlich die Vorstellung herauf, daß Wahrheit und Vernunft möglicherweise für Männer eine andere Bedeutung haben als für Frauen. Es überrascht nicht, daß das gegenwärtige philosophische Interesse an unseren Idealen der Rationalität fast ausschließlich mit Fragen des Relativismus befaßt ist, etwa mit der Möglichkeit, Wahrheit abhängig von bestimmten Kulturen oder Zeitabschnitten zu sehen. Der Relativismus stellt eine der größten Herausforderungen für das Prinzip der Universalität dar, das die Vernunft traditionell für sich beanspruchte. Gleichzeitig wird ihre Fähigkeit in Frage gestellt, letzte Wahrheiten über die Darstellung einer einheitlichen, wirklichen Welt auszusagen. Im Zusammenhang eines solchen Interesses an Meinungen und Wahrheiten mag die Annahme, daß die Vernunft trotz ihres Anspruchs auf Geschlechtslosigkeit möglicherweise ganz und gar "männlich" sei, widersinnig erscheinen. Der Hinweis darauf, daß die vielgerühmte Objektivität und Universalität unserer rationalen Glaubensgrundsätze vielleicht nicht einmal über die Unterschiede zwischen den Geschlechtern hinausreicht, scheint einige der recht empörenden Versionen eines kulturellen Relativismus noch zu übertreffen. Die Unterstellung, daß Wahrheit und Vernunft mit dem Geschlecht variierten, scheint höchst unglaubwürdig zu sein. Aber die Unglaubwürdigkeit eines solchen "Relativismus der Geschlechter" kann andere, ebenso bedeutende Beziehungen verdecken, in denen die Vernunft in der Tat "männlich" ist.

Bei der Festlegung unserer Vernunftideale stehen nicht nur Fragen zur Relativität von Wahrheit auf dem Spiel. Die Vernunft erscheint in der abendländischen Kultur nicht nur im Zusammenhang mit der Festsetzung von Überzeugungen, sondern auch bei der Bestimmung von Charakteren. Sie ist nicht nur in unsere Kriterien der Wahrheitsfindung, sondern auch in unser Verständis der notwendigen Voraussetzungen der Persönlichkeit integriert, der Bedingungen, die erfüllt sein müssen, damit jemand ein guter Mensch ist, sowie der angemessenen Relationen zwischen unserem Status als Erkennenden und unserer übrigen Lebenstätigkeit. Die frühere philosophische Reflexion über spezifische Merkmale des menschlichen Lebens und über die Prioritäten eines guten Lebens hat zu Charakteridealen geführt, die sich auf die Idee der Vernunft konzentrierten; und die vermeintliche Universalität und Neutralität dieser Ideale kann ernstlich in Frage gestellt werden. Dieses Buch befaßt sich in erster Linie mit der Männlichkeit dieser Charakterideale — der Männlichkeit des vernünftigen Menschen.

Ich werde aufzuzeigen versuchen, daß die Männlichkeit des vernünftigen Menschen kein oberflächliches, linguistisches Vorurteil ist.[1] Es ist tief in unserer philosophischen Tradition verwurzelt. Das heißt nicht, daß die Frauen eine eigene Wahrheit für sich haben oder daß es typisch weibliche Kriterien für rationale Überzeugungen gibt. Es wird auf diese Weise jedoch ein Anspruch erhoben, der für die Anmaßungen der Vernunft nicht weniger skandalös ist. Immerhin gilt das Geschlecht als eines derjenigen Dinge, von denen wahres rationales Denken mutmaßlich abstrahiert. Die Vernunft wird als Ausdrucksmittel der wahren Natur des menschlichen Geistes gewertet, und dieser ist — Augustinus zufolge — geschlechtslos. Das Streben nach einer Vernunft, die allen Menschen gemeinsam ist, indem sie die zufälligen historischen Begleitumstände, die zu Unterschieden zwischen dem jeweiligen Verstand der einzelnen Menschen führen, überwindet, liegt unserem philosophischen Erbe zugrunde. Die Überzeugung, daß der menschliche Geist in ähnlicher Weise ausgeprägt ist, liegt vielen unserer moralischen und politischen Ideale zugrunde. Und das Bestreben in dieser Richtung hat auch unsere Ideale objektiver Erkenntnis inspiriert. Der durch den Relativismus abgelehnte Anspruch, daß die Vernunft uns eine einzige objektive Wahrheit liefere, wird oft unter Berufung auf die vermeintliche Überwindung all dessen gerechtfertigt, was unterschiedliche individuelle Ausprägungen des menschlichen Verstandes ausmacht.

Ich will zeigen, daß unser Vertrauen in eine geschlechtslose Vernunft weitgehend als Selbsttäuschung anzusehen ist. Wenn man die implizite Männlichkeit unserer Vernunftideale aufdekken will, so muß man sich nicht notwendig einem Geschlechterrelativismus hinsichtlich rationalen Denkens und rationaler Wahrheit verschreiben; es bringt jedoch bedeutende Implikationen für unser zeitgenössisches Verständnis geschlechtlich bedingter Unterschiede mit sich.

Es bedeutet zum Beispiel, daß für die Konflikte, die viele Frauen zwischen Vernunft und Weiblichkeit erfahren, nicht nur praktische, sondern auch begriffliche Gründe bestehen. Die Hindernisse, die der weiblichen Entfaltung der Vernunft entgegenstehen, ergeben sich weitgehend aus der Tatsache, daß unsere Vernunftideale historisch schon immer einen Ausschluß des Weiblichen verkörpert haben und daß sich die Weiblichkeit selbst durch solche Prozesse des Ausschlusses konstituierte. Die historische Behandlung, die ich der Männlichkeit der Vernunft angedeihen lassen will, wirkt auch auf die Probleme einer adäquaten Wertung des Ideals eines charakteristisch weiblichen Denkstiles ein, das teilweise im Denken des zeitgenössischen Feminismus geläufig ist. Eine erschöpfende Behandlung der Vielschichtigkeiten dieser Themenkreise geht über das Ziel dieses Buches hinaus. Was jedoch über die historische Männlichkeit der Vernunft aufgedeckt wird, trägt dazu bei, etwas von der Verwirrung zu beleuchten, die diese Fragen bei Männern und Frauen in gleicher Weise hervorrufen.

1

Vernunft, Wissenschaft und die Beherrschung des Stofflichen

Einführung

In dem Buch *Das andere Geschlecht* weist Simone de Beauvoir in einem eindrucksvollen Passus darauf hin, daß "männliche Aktivität" in ihrer Vorherrschaft über die "verworrenen Mächte des Lebens" sowohl die Natur als auch die Frau unterworfen habe.[1] Die Verbindung zwischen Frau und Natur, auf die Simone de Beauvoir hier anspielt, kann auf eine lange Geschichte innerhalb der Selbstbestimmungsversuche der westlichen Kultur zurückblicken. Mit der für ihn typischen Übertreibung stellte Nietzsche in einem Fragment über "die griechische Frau" fest, daß die enge Beziehung der Frau zur Natur genau dieselbe Rolle für den Staat spielt wie der Schlaf für den Mann.

> "In seinem Wesen (dem des Weibes; Anm. d. Übers.) liegt die heilende Kraft, die das Verbrauchte wieder ersetzt, die

wohltätige Ruhe, in der sich alles Maßlose wieder begrenzt, das ewig Gleiche, an dem sich das Ausschreitende, Überschüssige reguliert. In ihm träumt die zukünftige Generation. Das Weib ist mit der Natur näher verwandt als der Mann und bleibt sich in allem Wesentlichen gleich. Die Kultur ist hier immer etwas Äußerliches, den der Natur ewig getreuen Kern nicht Berührendes . . ."[2]

Aber indem er die Frauen mit dem Schlaf in Verbindung brachte, stellte er nur den Extremfall einer seit langem bestehenden Antipathie zwischen Weiblichkeit und aktiver "männlicher" Kultur dar. Das Streben nach rationaler Erkenntnis war schon immer ein grundlegendes Element in den Selbstbestimmungsversuchen der westlichen Kultur, in denen sie sich von der Natur abzugrenzen trachtet. Dieser Prozeß ist für uns in vielerlei Hinsicht gleichwertig mit der Transformation oder Transzendenz der Natur durch Kultur. Rationales Erkennen wird dabei gedeutet als transzendierender, transformierender oder kontrollierender Prozeß in bezug auf natürliche Mächte und Gewalten; und das Weibliche wird traditionell mit dem assoziiert, was mit Hilfe rationalen Erkennens transzendiert, dominiert oder schlicht ignoriert wird.

Weiblichkeit und griechische Erkenntnistheorien

Seit den Anfängen philosophischen Denkens wurde Weiblichkeit symbolisch mit denjenigen Dingen assoziiert, die von der Vernunft bewußt ignoriert wurden — die dunklen Mächte der Erdgöttinnen, die Versenkung in unbekannte Gewalten, verbunden mit geheimnisvollen femininen Mächten. Die frühen Griechen setzten die Empfängnisfähigkeit der Frauen parallel mit der Fruchtbarkeit der Natur. Von Platon wurde später der Gedanke so formuliert, daß Frauen haben der Erde "nachgeahmt Schwangerschaft und Geburt".[3] Der Übergang vom kultischen Fruchtbarkeitsbewußtsein der Erdgöttinen zu den Riten vernunftbegabter Götter und Göttinnen wurde in der frühen griechischen Literatur zur Legende. Dieser Übergang wurde in dramatische Form gebracht, etwa in Sagen über die Abfolge von Kulten beim Orakel von Delphi; er fand Eingang in den Prolog zu Aischylos' *Eumeniden* und wurde zur Eroberungsgeschichte ausgearbeitet in der Tragödie *Iphigenie bei den Taurern* von Euripides. Die Version des Euripides stellte den Übergang als einen Triumph der rationalen Kräfte über die Dunkelheit der früheren Erdmysterien dar. Der junge Apoll erschlägt die Pythonschlange, die das alte Erdorakel bewacht und bricht damit die Macht der Erdgöttin. Diese übt Rache, indem sie Traumorakel heraufsendet, um den Verstand der Menschen mit "dunkler Traumwahrheit" zu umwölken. Diese nächtlichen Stimmen wurden jedoch durch den Eingriff des Zeus zum Schweigen gebracht. Die Vernunft aber läßt die mit weiblicher Macht assoziierten Kräfte hinter sich zurück.[4] Bei der Entwicklung der kulturell gepriesenen Rationalität müßte von Anfang an alles abgelegt werden, was mit Weiblichkeit symbolisch in Verbindung gebracht wurde.

Diese symbolischen Assoziationen lebten in späteren Verfeinerungen der Ideen und Ideale der Vernunft fort; Männlichkeit blieb mit einer klaren, entschiedenen Denkungsart assoziiert, Weiblichkeit mit Vagheit und Unentschiedenheit. In der pythagoreischen Gegensatztafel, die im sechsten Jahrhundert vor Christus formuliert wurde, war Weiblichkeit explizit verbunden mit Sprunghaftigkeit, dem Vagen, dem Unentschiedenen — im Gegensatz zum Eingegrenzten, dem präzisen und klar entschiedenen Denken. Die Pythagoräer deuteten die Welt als eine Mischung von Prinzipien. Einige dieser Prinzipien waren gut und wurden mit klar umrissener Form assoziiert, die anderen wurden mit Formlosigkeit, mit dem Uneingegrenzten, dem

Unregelmäßigen, dem Ungeordneten assoziiert und waren schlecht oder minderwertig. In der Tafel wurden zehn solcher Kontraste dargestellt:

Begrenztes / Unbegrenztes
Ungerades / Gerades
Einzelnes / Menge
Rechtes / Linkes
Männliches / Weibliches
Ruhendes / Bewegtes
Gerades / Gekrümmtes
Licht / Dunkel
Gutes / Schlechtes
Quadrat / Rechteck

Wie die anderen einander gegenübergestellten Begriffe waren "Männliches" und "Weibliches" hier nicht einfach beschreibende Klassifikationen. Das "Männliche" wurde wie die anderen Begriffe auf seiner Seite als seinem Gegenteil überlegen gedeutet und die Grundlage für diese Überlegenheit bestand in seiner Verbindung mit dem primären pythagoreischen Gegensatz zwischen Form und Formlosigkeit.

Solche Beziehungen zwischen Männlichkeit und klarer Determination bzw. Definition bestanden in späteren Darstellungen der Form-Stoff-Unterscheidung im griechischen philosophischen Gedankengut fort. Männlichkeit wurde mit aktiver, bestimmter Form, Weiblichkeit mit passiver, unbestimmter Stofflichkeit in eine Reihe gestellt. Die Grundlage für diese Anordnung wurde durch das traditionelle griechische Verständnis geschlechtlicher Fortpflanzung gelegt. Der Vater wurde als das gestaltende Prinzip, als die eigentliche Zeugungsursache angesehen, während die Mutter nur Stoffliches bereithielt. Dieser Stoff erhielt seine Form und Bestimmung durch den Vater und nährte, was von ihm produziert worden war. In den *Eumeniden* läßt Aischylos den Apoll diesen Kontrast ausnutzen, indem bei der moralischen Bewertung des Mordes des Orest an seiner Mutter Klytemnestra als Rache für ihren Mord an seinem Vater Agamemnon das Recht des Vaters im Gegensatz zum Recht der Mutter bestätigt wird:

> ”Es ist die Mutter dessen, den ihr Kind sie nennt,
> Nicht Zeugerin, nur Pfleg'rin eingesäten Keims;
> Es zeugt der Vater, aber sie bewahrt das Pfand
> Dem Freund die Freundin, wenn ein Gott es nicht verletzt.“[5]

In *Timaios*[6] verglich Platon die Rolle der eingrenzenden Form mit der des Vaters und die Rolle des unbestimmten Stoffes mit der der Mutter; ebenso verglich Aristoteles in Auseinandersetzung mit Platon die Form-Stoff-Relation mit der Mann-Frau-Relation.[7] Für beide war dieser Vergleich in ihren Ausführungen zur Natur der Erkenntnis nicht von herausragender Bedeutung. Er bedeutete aber, daß Erkenntnis ihrer Natur nach implizit mit der Verdrängung von Komponenten verknüpft war, die symbolisch mit Weiblichkeit assoziiert wurden. Wenn wir die Implikationen dieser Voraussetzungen erkennen wollen, müssen wir die Funktion der Form-Stoff-Unterscheidung in Platons Erkenntnistheorie genauer betrachten.

Für Platon enthielt Erkenntnis eine Beziehung zwischen Menschen, die die Beziehung zwischen erkennbarer Form und dem nicht erkennbaren Stofflichen in der Welt kopiert. In Übereinstimmung mit dieser Trennung seitens des Erkennenden bestand eine scharfe Unterscheidung zwischen dem Geist, dem rationalen, erkennenden Prinzip einerseits und dem Stofflichen, das nicht an Erkenntnisprozessen partizipierte, andererseits. Der erkennende Geist transzendierte bei Platon den Stoff ebenso wie die Formen, die Erkenntnisgegenstände sind. Erkenntnis beinhaltete eine Entsprechung zwischen dem rationalen Geist und den ebenso rationalen Formen. Die Vorstellung, daß die Welt selbst mit Vernunft erfüllt sei, existierte bereits in früherem griechischen Denken, aber Platon verfeinerte sie beträchtlich. In früheren Theorien wurde der Erkenntnisgegenstand nicht scharf von der erkennenden Intelligenz unterschieden; der Begriff des *Logos* galt für beide. Platon gestaltete die Idee der mit Geist erfüllten Welt im Hinblick auf die Form-Stoff-Unterscheidung um. Die Welt war ihm zufolge nur noch hinsichtlich der Form rational. Die Identifikation rationalen Denkens mit einem rationalen Universum war für ihn keine unreflektierte Annahme. Sie wurde vielmehr erreicht, indem das Stoffliche bewußt in das Reich des Nicht-Vernünftigen, Zufälligen und Ungeordneten degradiert wurde, während für die Form die Entsprechung mit dem rationalen, erkennenden Geist reserviert wurde.

Platon beschreibt in *Timaios* diese Entsprechung als Internalisierung desselben rationalen Prinzips, nach dem die Welt gestaltet wurde. Die Beziehung der Weltseele zur Welt spiegelt sich in der Beziehung der rationalen Seele zum Körper wider, der von dieser Seele abhängig ist. In der Mythologie des *Timaios* schwebt eine kosmische Vernunft durch die wahrnehmbare Welt und beeinflußt den menschlichen Geist. Die Notwendigkeit wurde bei der Erschaffung der Welt der Vernunft unterworfen und der Mensch kann an dieser Vernunft teilhaben. Der Mensch ist so in der Lage, unabhängig existierende Ideen zu erfassen, die von den Sinnen nicht wahrgenommen werden. In diesem besonderen Sinne sind "teilhaftig der Einsicht aber nur Götter und eine nicht zahlreiche Gattung von Menschen".[8]

Bei den mythologischen Komponenten, die Platon in *Timaios* einbrachte, sind Anzeichen für eine Unterscheidung der Geschlechter im Hinblick auf die erhabene Konzeption der kosmischen Vernunft sichtbar. Es wird unterstellt, daß die Reflexion der Ordnung und Vernunft des Universum in den Seelen der Frauen weniger klar erfolgt als in den Seelen der

Männer. Weibliche Seelen stammen von den gefallenen Seelen derjenigen Männer ab, die der Vernunft nicht teilhaftig geworden waren; daher ist bei ihnen eine größere Zunahme an emotionalen Schwankungen zu erwarten. Für unsere Zwecke steht jedoch dieser Aspekt der platonischen Darlegung von Erkenntnisprozessen nicht im Zentrum, sondern eher ein anderer Punkt, der weniger explizit mit geschlechtsspezifischen Attributen versehen ist. Er erscheint in Platons Version des Dualismus zwischen Geist und Stoff. Das Stoffliche wird mitsamt seinem Beiklang von Weiblichkeit als eine nicht zu überwindende Größe auf der Suche nach rationaler Erkenntnis angesehen. Die Herrschaftsmetaphorik, mit der die Griechen ihr Verständnis von Erkenntnis artikulierten, war eher von einem Verhältnis des Herrn zum Sklaven als von einer Beziehung zwischen Mann und Frau gekennzeichnet. Dieses platonische Motiv taucht jedoch immer wieder in der nachfolgenden Geschichte abendländischen Denkens in einer Weise auf, die die althergebrachten Assoziationen zwischen Männlichkeit und Form und zwischen Weiblichkeit und Stoff sowohl ausnutzen als auch verstärken.

Als Platon in seinen frühen Werken noch stark von Sokrates beeinflußt war, analysierte er den Dualismus zwischen Intellekt und Stoff als einfache Dichotomie zwischen einer einheitlichen Seele und dem Leib. Hier spiegelte seine Denkweise erneut frühere griechische Einstellungen zum Stofflichen wider. Die Polarisierung zwischen dem Körper und einer gleichzeitig vorausgesetzten unsterblichen Seele erschien bereits in den religiösen Riten, die im Zusammenhang mit dem Orphismus und den pythagoreischen Kulten ausgeübt wurden. Dabei wurde die Seele als eine gestürzte niedere Gottheit aufgefaßt, die in einem Körper unter ihrer Würde gefangen war. Diese Seele war der Träger der potentiellen Göttlichkeit der Menschheit. Sie wurde in einer Aufeinanderfolge von Existenzen jeweils wiedergeboren, bis es ihr gelang, in eine gottähnliche Unsterblichkeit zu entfliehen; und man glaubte, daß dieser Prozeß mittels Ausübung asketischer Reinigungsriten zur Läuterung der Seele von schändlicher, ungebührlicher Inanspruchnahme durch den Körper unterstützt werden könne. Platon veränderte diese asketischen Doktrinen im Sinne der Pflege der Vernunft. In seiner Version wurde die rationale Seele zum Träger der Unsterblichkeit und ihre Freiheit vom Körper wurde durch die Ausbildung rationalen Denkens gewonnen.

In *Phaidon* läßt Platon den Sokrates in seiner Rede über seinen herannahenden Tod das intellektuelle Leben als Läuterung der rationalen Seele von den Torheiten des Körpers darstellen.[9] Das Leben des Philosophen bereitet seine Seele auf die Befreiung aus ihrem Gefängnis im Tode vor. Seine Seele verachtet den Körper und entflieht ihm, um das reine und absolute Sein durch reinen Intellekt allein anzustreben. Die Vernunft befähigt die Seele, sich dem "Reinen und Ewigen und Unsterblichen und Unwandelbaren, dem sie entspricht, zuzuwenden". Im Gegensatz dazu drängen die Sinne die Seele zurück in das Reich des Wandelbaren, wo sie "blind umherwandert und verwirrt und unbesonnen wird wie ein Betrunkener, weil sie sich mit den Dingen beschäftigt, die sich niemals wandeln". Wenn die Seele während des Lebens die Vernunft pflegt, so kann sie erwarten, im Tode von Irrtum, Torheit, Furcht und wilden Leidenschaften befreit zu werden und mit dem "Göttlichen, Unsterblichen und mit der Weisheit" zu leben. Wenn eine Seele andererseits diese "Erlösung und Läuterung" während des irdischen Lebens nicht anstrebt, so wird sie durch den Kontakt mit dem Körper verderbt und wird im Tode "niedergedrückt und in die sichtbare Welt zurückgezerrt". Sie schlägt dann in einem anderen Körper Wurzeln "wie ein ausgesäter Samen". Platon folgert daraus, daß im Diesseits die gottähnliche rationale Seele über den sterblichen Körper wie über einen Sklaven herrschen solle.

In Platons späteren Werken wird die Simplizität dieser Unterwerfung des Körpers unter die Seele durch eine komplexere Bestimmung des Nicht-Rationalen ersetzt. Das Nicht-Rationale wird nicht mehr außerhalb einer per se völlig rationalen Seele, sondern innerhalb der Seele als eine Quelle inneren Konfliktes angesiedelt. Dieser späteren Auffassung zufolge wird der Kampf zwischen einem rationalen Teil der Seele und anderen, nicht-rationalen, untergeordneten Teilen ausgetragen. Spätere jüdische und christliche Denker arbeiteten dieses platonische Motiv in einer Weise aus, daß es explizit mit dem Thema der rechtmäßigen Vorherrschaft des Mannes über die Frau verknüpft war.

Platons Verwendung von Herrschaftsmetaphorik unterschied sich noch in anderer Hinsicht von späteren Entwicklungen. In seiner Theorie wird die Herrschaftsbeziehung im erkennenden Menschen selbst angesiedelt. Die rechtmäßige Herrschaft des Geistes über den Körper entspricht der Herrschaft der überlegenen Teile der Seele über die minderwertigen. Diese Entsprechung bringt den Erkennenden in die ferner erforderliche Entsprechung mit den Formen, die wiederum als dem Stofflichen überlegen eingeordnet werden. Nach diesem Modell ist Erkenntnis Kontemplation der ewigen Formen in Abstraktion des nicht-rationalen Stoffes, der jenseits menschlicher Erkenntnis liegt. Der Symbolismus von Herrschaft und Unterwerfung erscheint in der Darstellung des Erkenntnisprozesses. Die Erkenntnis selbst dominiert nicht die zu erkennenden Gegenstände, sondern wird als hingebungsvolle Kontemplation jener Gegenstände gesehen.

Platons Bild war für die Ausbildung unserer zeitgenössischen Auffassungen über Erkenntnis höchst einflußreich. Aber es ist überlagert von einer völlig anderen Auslegungsweise von Erkenntnis als Herrschaft. Im siebzehnten Jahrhundert erhält dieses Modell seine deutlichste Formulierung und bringt die ausgeprägtesten Assoziationen mit der Unterscheidung zwischen Mann und Frau in Francis Bacons Gedankengut. In seinem Modell wird Erkenntnis selbst als Naturbeherrschung gedeutet, was zu einem anderen Verständnis von Erkenntnisvorgängen und Gegenständen der Erkenntnis führt. Die Bedeutung dieses Wandels wird klarer, wenn wir zunächst die Veränderung der platonischen Version der Form-Stoff-Unterscheidung im Denken des Aristoteles untersuchen.

Aristoteles veränderte Platons Unterscheidung von Form und Stoff sowie ihre Rolle in der Erkenntnistheorie. Mit dieser Veränderung wurde auch die Beziehung zwischen Körper und Geist einem entscheidenden Wandel unterworfen. In der *Metaphysik* begrüßte Aristoteles die Differenziertheit des platonischen Formbegriffes als einen großen Fortschritt gegenüber den primitiven vorsokratischen Kosmologien, die die Grundprinzipien der Dinge jeweils mit einem einzelnen stofflichen Element gleichsetzten.[10] Aristoteles erläuterte, daß Platons formale Prinzipien zu recht von der Sinneswahrnehmung getrennt waren. Aber er wies Platons Entwicklung zurück, die zu einem Dualismus zwischen einem Reich des Wandelbaren, das mit Hilfe sinnlicher Wahrnehmung erfaßt wird, und einem anderen Reich der ewiggleichen/immerseienden Formen führte. Aristoteles holte die Formen aus ihrem transzendenten Reich und definierte sie als Prinzipien wandelbarer und wahrnehmbarer Dinge. Das Formale bleibt für ihn eigentlicher Gegenstand notwendiger Erkenntnis und diese wird durch die Anwendung einer rein intellektuellen Fähigkeit erreicht. Aber Formen werden im einzelnen, wahrnehmbaren Ding erfaßt; sie entweichen anders als bei Platon nicht in ein gesondertes, übersinnliches Reich. In Aristoteles' eigenem System blieb ein Dualismus zwischen dem, was sinnlich und dem, was mit der Vernunft erfaßt wird, bestehen. Aber er fiel nicht länger mit einer Unterscheidung zwischen veränderlichen, geschaffenen, stofflichen Dingen und ungeschaffenen, zeitlosen, nichtstofflichen Formen zusammen. Aristotelische Formen können nur in

Verbindung mit dem Stoff als existent angenommen werden. Das Verhältnis zwischen Geist und Körper wurde in der Philosophie des Aristoteles entsprechend verändert. Die rationale Seele wurde zur Form des Körpers und wurde daher nicht länger als Gegenwart eines göttlichen Potentials in menschlichen Wesen angesehen, das in Wahrheit nicht dorthingehört. Sie war das intelligible Prinzip des Körpers, nicht sein Gefangener; und rationale Erkenntnis wurde nicht mehr als die Flucht der Seele aus dem Körper gedeutet.

Die für unsere Interessen wesentlichen Aspekte der aristotelischen Transformation des platonischen Formbegriffs werden in der *Summa Theologica* des Thomas von Aquin im Rahmen seiner Abhandlung über die platonische Version wissenschaftlicher Erkenntnis hervorgehoben.[11] Seiner Diagnose zufolge schoß Platon in seinem Wunsch nach der Erhaltung der Gewißheit des Intellektes gegen die Übergriffe der Ungewißheit der sinnlichen Wahrnehmung über sein Ziel hinaus. Durch die Einführung einer besonderen Sphäre immerseiender Formen als dem eigentlichen Gegenstand wissenschaftlicher Erkenntnis entfernte er "alles, was die Betätigung des Intellektes betrifft" vollends aus der stofflichen Welt. Dies war ein selbstzerstörerischer Schritt, da er Erkenntnis des Stofflichen und Fortschritt durch Wissenschaft ausschließt. Thomas von Aquin weist auch darauf hin, daß eine Erklärung für die Erkenntnis sinnlich wahrnehmbarer Substanzen durch die Erkenntnis von völlig anderen Dingen unsinnig erscheint. Platons Fehler bestand seiner Meinung nach darin, daß er seine Vorstellung von Erkenntnis als einer Art Abbildung zu weit treibt. Es ist nicht erforderlich, daß die Form des erkannten Dinges im Erkennenden in derselben Weise wie im Gegenstand manifestiert sei. Sie erscheint im Intellekt unter Bedingungen der Universalität, der Immaterialität und der Bewegungslosigkeit. Daraus folgt aber nicht im Sinne Platons, daß den Gegenständen unserer Erkenntnis für sich selbst eine Existenz unter denselben Bedingungen der Immaterialität und Bewegungslosigkeit zugestanden werden muß. Veränderliche stoffliche Dinge werden als solche wirklich erkannt. Obwohl die Seele durch den Intellekt Körperliches mit Hilfe immaterieller, universeller und notwendiger Erkenntnis erfaßt, "hindert uns nichts daran, eine unveränderliche Wissenschaft über veränderliche Dinge zu treiben".

Die aristotelische *Versöhnung* von Form und Stoff ermöglicht veränderlichen stofflichen Dingen, eigentliche Gegenstände wahrer Erkenntnis zu sein. Innerhalb des aristotelischen Denkrahmens wird dabei jedoch nicht das Grundmodell von Erkenntnis als Kontemplation von Formen verändert. Die Form-Stoff-Unterscheidung wird beibehalten, obwohl sie nun in jedem Gegenstand selbst gilt. Weiterhin beinhaltet Erkenntnis zugleich Abstraktion vom Stofflichen bzw. Abstraktion der formalen, intelligiblen Prinzipien, obwohl diese nicht länger in einem separaten Reich fern von Sinneswahrnehmung angesiedelt sind. Als Paradigma der Erkenntnis gilt nach wie vor die Kontemplation des rationalen Geistes, der etwas untrennbar Geistähnliches schaut, das von seiner Stofflichkeit befreit ist.

Auf dem Hintergrund dieser Gegensätze und im Rahmen einer gewissen Ähnlichkeit zwischen der platonischen und der aristotelischen Auffassung über Erkenntnis erkennen wir nun die Bedeutung Bacons. In seinem Denkrahmen wird die Kluft zwischen Form und Stoff völlig geschlossen. Die Spaltung zwischen erkennbaren Formen und nicht erkennbarem Stoff wird zurückgewiesen und damit das Vorbild von Erkenntnis als Kontemplation von Formen. Mit dieser Veränderung geht sowohl das Thema der Herrschaft als auch die Unterscheidung zwischen Mann und Frau vollkommen andere Verbindungen mit der Erkenntnis ein.

Francis Bacon: Erkenntnis als Unterwerfung der Natur

Für Bacon bestand die Aufgabe des Geistes nicht in reiner Kontemplation, sondern in der Möglichkeit der Kontrolle der Natur. Diese Auffassung erforderte eine Umbildung der wahren Erkenntnisgegenstände unter Umgehung der Unterscheidung zwischen Formen und Stoffen. Unabhängig davon, ob Formen nun transzendente platonische Einheiten oder aristotelische abstrakte und intelligible Prinzipien stofflicher Gegenstände sind, werden sie in jedem Falle als angemessene Erkenntnisgegenstände mit dem Ziel der Kontemplation angesehen. Wenn aber Erkenntnis im Sinne eines Kontrollinstrumentes der Natur gedeutet wird, so müssen ihre eigentlichen Objekte eher als manipulierbar aufgefaßt werden. Bacons Zurückweisung des Formbegriffes steht daher in engem Zusammenhang mit seiner Konzeption von Erkenntnis als Macht.

Er ließ nur wenige "Formen" als Gegenstände wissenschaftlicher Erkenntnis zu und diese unterschieden sich in ihrer Beziehung zum Stofflichen erheblich von dem, was sowohl Platon als auch Aristoteles beabsichtigt hatten.

In *The Advancement of Learning* schrieb er: "Es ist offenkundig, daß Platon, ein Mann von erhabener Genialität, der alles wie von einem hohen Felsen her betrachtete, in seiner Ideenlehre die 'Formen als wahre Erkenntnisgegenstände' ansah. Aber er büßte den Vorteil dieser gerechtfertigten Annahme wieder ein, indem er Formen betrachtete und erfaßte, die völlig vom Stoff abstrahierten und nicht in ihm bestimmt waren."[12]

Bacon schloß die Kluft zwischen Form und Stoff, ging aber darin noch erheblich weiter als Aristoteles, so daß sein Ansatz praktisch auf eine Verwischung der Unterscheidung hinauslief. Um die materielle Natur zu verstehen, müssen wir vielmehr "die Materie beachten in ihren Bildungen und Umbildungen —

der reine Lebensakt, und sein Gesetz, welches in der Bewegung besteht; alle andren Lebensformen sind Erdichtungen des menschlichen Geistes, wenn man nicht dieses Gesetz Lebensform nennen will."[13] Das Verständnis der materiellen Natur wurde für Bacon zu einem Verständnis der Strukturen, in denen das Stoffliche in Übereinstimmung mit den Gesetzen der Mechanik steht. Die Bedeutung dieser Veränderung geht über den Fortschritt wissenschaftlichen Erkennens hinaus.

Diesem neuen Bild zufolge ist die Welt ohne Geist, obwohl sie als Produkt eines rationalen Schöpfers geordnet und einsehbar ist. Sie gehorcht Gesetzen, die zu verstehen sind; sie ist entgegen der Auffassung der Griechen jedoch nicht mit Geist erfüllt. Die Natur wird nicht durch Analogie mit einem Organismus gedeutet, der in sich seine intelligiblen Bewegungsprinzipien enthält, sondern mehr durch Analogie mit einer Maschine: Als Gegenstand wissenschaftlicher Erkenntnis wird sie nicht im Sinne einsehbarer Prinzipien des Stofflichen, sondern als Mechanismus verstanden. Bacon wies daher das Modell von Erkenntnis als Entsprechung zwischen dem rationalen Geist und intelligiblen Formen zusammen mit der Annahme zurück, daß reiner Intellekt die Wirklichkeit nicht verzerren könne. Nach seiner Meinung gibt es Irrtümer, die an der "Art des Verstehens haften". "Denn obwohl die Menschen sich zerstreuen müssen, und den Geist bewundern oder gar fast anbeten sollen, so ist doch gewiß, daß er die Strahlen der Dinge wie ein verzogener Spiegel aufgrund seiner Gestalt und verschiedener Schnittwinkel verändert."[14] Die Skeptiker hätten lieber den "Irrtümern und dem Starrsinn des Geistes", der sich weigert, der Natur der Dinge zu gehorchen, mißtrauen sollen als der sinnlichen Wahrnehmung.[15] Der Geist selbst sollte als "Zauberkugel, voller Aberglauben und unerwarteter Erscheinungen" gesehen werden. Die Wahrnehmungen des Geistes verweisen ebenso wie die Wahrnehmungen der Sinne "auf den Menschen und nicht auf das Universum".[16] Die Natur kann sich nicht den Ideen anpassen, die der Geist bei rein intellektueller Kontemplation innerhalb seiner selbst findet. Erkenntnis muß mittels sorgfältiger Beobachtung der Natur betrieben werden; dies kann aber wiederum nicht im Sinner einer kontemplativen Aktivität erfolgen.

Bacon war notorischer Benutzer einer Sexualmetaphorik, mit der er seine Ideen wissenschaftlicher Erkenntnis als Kontrolle einer Natur zum Ausdruck brachte, in der Form und Stoff nicht länger voneinander getrennt sind. Dem griechischen Denken zufolge war Weiblichkeit symbolisch assoziiert mit dem Nicht-Rationalen, dem Ungeordneten, dem nicht Erkennbaren, also mit denjenigen Aspekten, die bei der Ausbildung der Erkenntnis zu vernachlässigen sind. Bacon vereinigte Stoff und Form; danach ist die Natur sowohl weiblich als auch erkennbar. Die erkennbare Natur ist also weiblich und die Aufgabe der Wissenschaft besteht in der rechten Ausübung männlicher Herrschaft über sie. "Wir wollen eine keusche Ehe schließen zwischen Geist und Natur"[17] schreibt er. Die wahre Form der ehelichen Herrschaft besteht nicht in Tyrannei. "Die Natur wird nur befehligt, indem man ihr gehorcht."[18] Sie bedarf jedoch der Gewalt: "Die Natur gibt ihre Geheimnisse weitaus vollständiger preis, wenn die künstlerische Anwendung sie im Griff hat und Druck auf sie ausübt, als wenn sie sich ihrer natürlichen Freiheit erfreut."[19] Das erwartete Ergebnis der neuen Wissenschaft wird also geschlechtsspezifisch ausgedrückt. Nachdem der rechte Ehebund geschlossen ist, der in einer "gerechten und legitimen Vertrautheit zwischen Geist und Ding"[20] seinen Ausdruck findet, kann die neue Wissenschaft fruchtbare Ergebnisse aus dieser Ausstattung eines "Ehebettes für den Geist und das Universum" erwarten. Es steht zu erwarten, daß aus dieser Verbindung "Beistand für den Menschen" erwächst sowie ein "Wettlauf der Entdeckungen, die zur Erfüllung seiner Wünsche und zur Überwindung seines Elends beitragen."[21] Die bemerkenswerteste geschlechtsspezifische Metapher erscheint in einem frühen, seltsam scharfen Werk mit dem Titel *The Masculine Birth of Time*. Der Erzähler in diesem Werk sagt: "Ich bin in Wahrheit gekommen, um dir die Natur mit allen ihren Kindern zuzuführen, um sie deinem Dienste zu übergeben und sie zu deinem Sklaven zu machen."[22]

> "Mein teuerster Knabe, ich beabsichtige, dich mit den *Dingen selbst* in einer keuschen, heiligen und rechtmäßigen Trauung zusammenzuführen; und aus dieser Verbindung wird dir ein Nutzen erwachsen, der alle Hoffnungen und Gebete gewöhnlicher Eheschließungen nicht nur im Hinblick auf das Denkvermögen übertrifft, sondern auch in bezug auf ein gesegnetes Geschlecht von Helden und Übermenschen, die die unfaßbare Hilflosigkeit und Armut des Menschengeschlechtes, die sie schlimmer zerstört als alle Riesen, Monstren oder Tyrannen, zu überwinden in der Lage sein wird, wodurch Freude, Glück, Wohlstand und Sicherheit gegeben sein werden."[23]

Keines der Elemente aus Bacons Darstellung der Erkenntnis ist neu. Die Idee, daß dem Menschen in Verbindung mit seiner Erkenntnisfähigkeit die rechtmäßige Herrschaft über den Rest der Natur zusteht, geht auf die biblische Entstehungsgeschichte zurück, auf die sich Bacon bei der Betitelung seines Werkes *The Great Instauration* bezog. Sobald die Verzerrungen durch frühere, falsche Philosophien abgelegt sind, dient die eigentliche Ausrichtung der Künste und Wissenschaften der Wiederherstellung dieser rechtmäßigen Herrschaft des Menschen, die er beim Sündenfall verloren hatte. Wir haben das Thema der Herrschaft des Geistes über den Stoff schon bei Platon in bezug auf die Unterwerfung des sklavenähnlichen Leibes unter die Seele kennengelernt, und die weibliche Personifikation der Natur ist auch keine Neuheit. Bacon trägt aber all diese Elemente in einem überzeugenden neuen Erkenntnismodell zusammen. Die Herrschaftsbeziehung besteht nun nicht mehr zwischen Geist und Körper oder innerhalb des Geistes zwischen verschiedenen Aspekten geistiger Betätigung, sondern zwischen Geist und Natur als Erkenntnisgegenstand. Erkenntnis selbst wird als Naturbeherrschung bezeichnet.

Heute werden Bacons Metaphern für eine neue Wissenschaft zwangsläufig im Lichte zeitgenössischer Vorurteile mit den negativeren Aspekten einer Wissenschaft gesehen, die von menschlicher Beherrschung der Natur ausgeht. Aber aus seiner Sicht sind die hervorstechenden Merkmale seiner Metaphorik ganz andere. Sie sind aus einem Wunschbild hinsichtlich der positiven Eigenschaften des neuen Zugangs zur Wissenschaft entstanden, nämlich der Betonung von Wahrnehmung und Experiment und der Überzeugung, daß nur sorgsame Naturbeobachtung im Verein mit experimentellen Tests zu wahrer Erkenntnis führt. Außerdem drücken diese Metaphern die intellektuellen Ideale aus, die für Bacon in dieser neuen Wissenschaft implizit gegeben waren. Seine Metaphorik verunsichert häufig und bringt zwei Hauptaspekte zum Ausdruck: Erstens, wer Naturerkenntnis anstrebt, muß sich von bloßen Ideen und Abstraktionen freimachen und sich stattdessen mit Sorgfalt natürlichen Phänomenen widmen; zweitens kann diese sorgfältige Aufmerksamkeit nicht als bloße Kontemplation angesehen werden. Bacon beklagt, daß frühere Philosophien durch ihre Konzentration auf "bloße Abstraktionen" die Natur nur "fangen und ergreifen", sie aber nie "fassen oder festhalten können".[24] Nach Bacon hat die aristotelische Philosophie die Natur selbst unberührt und unverletzt gelassen und Aristotels hat seine Energien im Vergleich, in der Gegenüberstellung und Analyse weit verbreiteter Auffassungen über sie verschwendet.[25] Bacons entmystifizierte Formen sind immer vom Stoff her bestimmt und das Verständnis dieser Formen ist untrennbar mit der Kontrolle und Manipulation der

Natur verwoben. Trotzdem kann das Praktische und das Spekulative nach Belieben jeweils getrennt betrachtet werden. Dieses Thema der gegenseitigen Verbindungen zwischen Erkenntnis und Macht ist Bacons Hauptbeitrag zu unserer Denkweise über die Beziehung des menschlichen Geistes zur übrigen Natur. Es ist daher wertvoll, seine Ausführungen im Detail zu betrachten.

Auf den ersten Seiten seines Werkes *The Great Instauration* beklagt Bacon, daß die Philosophie "In der Person des Herrn und Gelehrten und nicht als Erfinder und Verbesserer"[26] auftritt. Sein eigenes Ziel ist nicht "kontemplative Glückseligkeit", sondern "das gesamte Schicksal, alle Angelegenheiten und Fähigkeiten sowie die Taten der Menschen". Der Mensch ist sowohl "Sachwalter" als auch "Interpret" der Natur; und deshalb fällt die doppelte Intention des Menschen im Streben nach Erkenntnis und nach Macht zusammen.[27] Das Spekulative und das Praktische werden nur als "Suche nach Ursachen" einerseits und "Erzeugung von Wirkungen" andererseits voneinander unterschieden. Diese sind in der Tat untrennbar miteinander verquickt. Der Naturphilosoph ist nicht nur ein "Bergarbeiter", der ausgräbt, was verborgen liegt, sondern er hat auch das Amt des "Schmelzers" inne.[28] Das Wirken und die Zielsetzung menschlicher Macht besteht im Verhältnis von Formen und der damit verbundenen Fähigkeit, dem Stofflichen neue Naturen beizulegen. Das Verständnis von Formen scheint als derjenige Bestandteil der Erkenntnis zu gelten, welcher von aktivem Handeln am meisten entfernt zu sein scheint. Dennoch wird er durch seine Rolle bei der Freisetzung menschlicher Macht geadelt und führt sie in ein "immenses und offenes Arbeitsfeld".[29] Je mehr wir verstehen, umso größer werden unsere Aussichten, die Dinge zu verändern; und diese Verbindung zwischen Erkenntnis und Macht ist für Bacon so eng, daß sie auf eine Identität hinausläuft. Wahrheit und Nutzen werden einander gleichgesetzt, wenn auch nicht in einem engstirnig kurzfristigen, utilitaristischen Sinne. Wir sollten, wie Bacon betont, nach Experimenten suchen, die "eher die Erleuchtung als den Profit zutage fördern".[30] Wir sollten auch vertrauensvoll die Ergebnisse langfristiger Untersuchungen abwarten, die sich aus einem besseren Verständnis der Natur ergeben. Mit diesem Vorverständnis sind das Praktische und das Theoretische in der Tat gleich: "Was in der Praxis am brauchbarsten ist, ist in der Theorie am korrektesten".[31] Als korrekte Analogie gilt daher weder der Fleiß der Ameisen, die nur ihr Lager füllen und benutzen, noch die Arbeit der Spinne, die an ihren Netzen webt, sondern eher die Lebenstätigkeit der Biene, denn sie holt sich "ihren Stoff aus dem Garten und aus den Feldern, aber sie bearbeitet und gestaltet ihn durch eigene Bemühung".[32] Praktische Ergebnisse sind nicht nur Mittel zum Zwecke der Verbesserung des menschlichen Wohlergehens; sie sind die Garanten der Wahrheit.

> "Der Grundsatz der Religion, nach dem ein Mensch seinen Glauben in seinen Werken zum Ausdruck bringt, gilt ebenso in der Philosophie der Natur. Die Wissenschaft muß gleichfalls in den Taten der Menschen erkannt werden. Die Wahrheit enthüllt und etabliert sich durch das Zeugnis des Wirkens eher als durch Logik und sogar Beobachtung. Daraus folgt, daß die Verbesserung des menschlichen Geistes wie auch die Verbesserung seines Geschickes ein und dasselbe sind".[33]

Wenn wir Bacons Gleichsetzung von Erkenntnis und Macht in diesem weiteren Kontext betrachten, so wird etwas deutlich, das uns aus unserer eigenen historischen Perspektive merkwürdig erscheint — nämlich, daß die Verknüpfung von Erkenntnis mit Macht für Bacon eine Rückkehr von der Arroganz früherer Philosophien zur intellektuellen Demut bedeutete. Dies sollte auch mit Bacons Sexualmetaphorik ausgedrückt werden. Naturkontrolle durch Wissenschaft gibt dem Menschen die rechtmäßige Herrschaft zurück, die er durch den Sündenfall verloren hat; und eben diese Herrschaft wird durch die intellektuelle Demut zurückerobert, die in der neuen Wissenschaft verkapselt ist. Für Bacon ist das Bestreben nach "Erneuerung und Erweiterung der Macht und Herrschaft der Menschheit im allgemeinen über das Universum"[34] Ausdruck eines gesunden Ehrgeizes, der Keuschheit, Reinheit, Zurückhaltung und Respekt nicht nur seitens der Natur, dem keuschen Weibe, sondern auch seitens ihrer Freier beinhaltet. Wir haben kein Recht darauf, zu warten, daß die Natur zu uns kommt: "Es genügt, wenn sie sich nach unserer Annäherung mit dem ihr gemäßen Respekt dazu herabläßt, sich zu zeigen".[35] Es ist der Hochmut, der die Menschen in eine solche Stimmung des Wahnsinns geführt hat, daß sie sich lieber gegenseitig geistig austauschen als mit dem Geiste der Natur Zwiesprache zu halten.[36] Indem wir dem Diktat unserer eigenen Vernunft folgten, verwirkte die Menschheit durch Hochmut und den Wunsch nach Gottähnlichkeit ihre rechtmäßige Herrschaft, die sie mit Hilfe wahrer und solider Künste über die Natur hätte ausüben sollen.

> "Wenn also tatsächlich Demut gegenüber dem Schöpfer besteht, wenn wir Lob und Ehrfurcht gegenüber seinen Werken voraussetzen können; wenn es überhaupt Nächstenliebe unter den Menschen sowie Eifer zur Verringerung menschlichen Mangels und Leidens gibt; wenn wir die Liebe zur Wahrheit in natürlichen Dingen und den Haß gegen die Dunkelheit und den Wunsch zur Läuterung der Erkenntnis annehmen; so müssen die Menschen immer wieder darum gebeten werden, eine Zeitlang jene wankelmütigen und widersinnigen Philosophien abzulehnen oder sich zumindest von ihnen zu lösen, die Thesen gegenüber Hypothesen den Vorzug geben, die die Erfahrung in Gefan-

> genschaft geführt haben und über die Werke Gottes triumphieren; daß sie sich voller Demut und mit gewisser Ehrfurcht dem Buche der Schöpfung nähern möchten; daß sie dort verweilen sollten, um darüber zu meditieren, und daß sie hernach rein und geläutert in Keuschheit und Rechtschaffenheit jene [Philosophien] aus ihrem Ermessen verbannen sollten. Dies ist jene Sprache, die bis in die entlegensten Winkel der Erde gelangt ist und nicht die Verwirrung von Babel durchlitten hat; dies müssen die Menschen wieder lernen, und wenn sie so ihre Jugend zurückgewinnen, so müssen sie wieder zu kleinen Kindern werden und geruhen, das Alphabet dieser Sprache in ihre Hände zu nehmen."[37]

Was auch immer Bacons bewußte Absicht bei der Beschreibung wissenschaftlicher Erkenntnis im Sinne der Unterscheidung zwischen Mann und Frau gewesen sein mag, das Ergebnis seines Vorgehens ist jedenfalls der Aufbau einer neuen Version der Überwindung des Weiblichen hin zur Artikulation der Natur der Wissenschaft — diesmal mit Betonung auf der Verformbarkeit und Gefügigkeit des Stofflichen. Der Stoff wird nun nicht länger als etwas angesehen, was zwecks *Erreichung* von Erkenntnis dominiert werden muß, sondern als der eigentliche Gegenstand von Erkenntnis, die nun als Macht zur Manipulation und Transformation aufgefaßt wird. Es gilt nun weniger die ewige Unveränderbarkeit der Formen, sondern die Formbarkeit als entscheidendes Merkmal der Gegenstände einer Wissenschaft nach Bacon. Aber die von ihm postulierte Erkennbarkeit des Stofflichen erschütterte nicht die Griffigkeit früherer symbolischer Antithesen zwischen Weiblichkeit und dem Erkenntnisvorgang.

Die Überwindung des Weiblichen war kein ausdrückliches Merkmal griechischer Erkenntnistheorien in ihrer ursprünglichen Form. Aber sie wurde mit Erkenntnis durch implizite

Assoziationen zwischen Weiblichkeit und Stoff in Verbindung gebracht, die der reine Intellekt zu überwinden hatte. Die Herrschaft des menschlichen Geistes über den Stoff wurde, wie wir gesehen haben, nicht offen mit der Unterscheidung zwischen Mann und Frau in Verbindung gebracht, sondern eher mit der Beziehung zwischen Herrn und Sklaven. Frühe griechische Assoziationen von Weiblichkeit und Stoff beeinflußten dennoch die Art und Weise, in der diese Erkenntnistheorien auf die philosophische Phantasie in späteren Entwicklungen der Tradition einwirkten. Und in Bacons Metaphorik wurde die Kontrolle des Weiblichen explizit mit der Natur der Erkenntnis selbst verknüpft. Wie weitgehend ist Männlichkeit in Bacons Ausdruck der Natur der neuen Wissenschaft enthalten? Seine Metaphorik scheint vielleicht auf einer relativ oberflächlichen Ebene zu wirken. Es stimmt aber, daß er Assoziationen zwischen Natur und Weiblichkeit, die in seiner kulturellen Tradition im Überfluß vorhanden waren, unreflektiert benutzte; und wie wir gesehen haben, kann der Inhatl seiner Gedanken weitgehend ohne geschlechtsspezifische Metaphorik erklärt werden. Aber das Problem kann nicht gelöst werden, indem wir oberflächliche literarische Verschönerungen einfach ignorieren. Die intellektuellen Eigenschaften, die einen guten Wissenschaftler nach Bacon ausmachen, werden im Sinne der richtigen männlichen Einstellung zum Weiblichen artikuliert: Sein Handeln ist bestimmt von Keuschheit, Respekt und Zurückhaltung. Der gute Wissenschaftler ist ein ritterlicher Freier. Die Natur soll mit dem Respekt behandelt werden, der einer Weiblichkeit angemessen ist, die von althergebrachten Assoziationen mit dem Geheimnisvollen überlagert ist. Diese Ehrfurcht ist jedoch genau eingegrenzt. Die Natur ist geheimnisvoll und fern, aber dennoch in hohem Maße erkenn- und kontrollierbar. Die Metaphern bringen nicht nur begriffliche Pointen über die Beziehungen zwischen der Erkenntnis und ihren Objekten zum Ausdruck, sondern sie erfüllen die

Bestimmung dessen, was einen guten Erkennenden ausmacht, mit männlichem Gehalt.

Beide Formen des Symbolismus — der Stoff jenseits aller Erkenntnis, der bei den Griechen mittels Erkenntnis überwunden wurde, und die geheimnisumwitterte, aber kontrollierbare Natur bei Bacon, haben eine entscheidende Rolle bei der Ausformung des Weiblichen im Hinblick auf unsere Erkenntnisideale gespielt. Das Thema der Herrschaft des Geistes über den Körper oder des Intellektes über minderwertige Teile der Seele wurde, wie wir im folgenden Kapitel sehen werden, in mittelalterlichen Versionen von Charakteridealen in Verbindung mit Männlichkeit entwickelt. Und Bacons Verknüpfung von Erkenntnis mit Macht wurde in späteren Ideen über Vernunft und Fortschritt fortgesetzt.

2

Die gespaltene Seele: Mannhaftigkeit und Weibisches

Einführung: Platon über die Vernunft

Im vierten Buch seines Werkes *Der Staat* stellt Platon eine anschauliche Geschichte des Konfliktes innerhalb der menschlichen Seele dar.[1] Als Leontius auf einige Leichen stößt, die in der Nähe eines Scharfrichters liegen, verspürt er einerseits den Wunsch, sie anzuschauen, andererseits aber Ekel, so daß er sich abwenden möchte. Er kämpft eine Weile mit seinen Gefühlen, wobei er seine Augen mit der Hand bedeckt. Aber schließlich siegt sein Wunsch, er öffnet seine Augen weit mit den Fingern, läuft zu den Leichen und sagt: "Also bitte, ihr Verfluchten, da habt ihr euren Anteil an dem hübschen Anblick." Die Vernunft kämpft hier um Kontrolle über das Verlangen des Hinschauens und sie verliert den Kampf. Aber es besteht kein Zweifel daran, wer den Kampf hätte gewinnen sollen; und die Leibhaftigkeit der Verärgerung ergreift für die Vernunft Partei, indem sie sich bedauernd über das Ergebnis äußert.

In philosophischen Darstellungen über die Konflikte innerhalb der menschlichen Natur gibt es Bildersprache im Überfluß in Verbindung mit Machtkämpfen, mit Herrschaft und Unterwerfung. In einfacher Form lernten wir sie in Platons Darstellung der Erkenntnis im *Phaidon* bereits kennen. Der Intellekt sollte als höherer, gottähnlicher Aspekt menschlicher Wesen den sklavenähnlichen Körper dominieren; in der Erkenntnis erfolgt diese Paarung zwischen der Unterwerfung des Körpers und, allgemein, die Unterwerfung des Stofflichen unter die bleibenden Formen. Dieses frühe platonische Modell für den Stellenwert des Intellektes im guten Leben wirkte im Vergleich zu dem subtileren Modell einer gespaltenen Seele, welches die erste Version in seinem späteren Denken ersetzte, stark vereinfachend. In seinem frühen Modell beschrieb Platon die gesamte Seele als dem Bereich der Vernunft zugehörig und stellte das Nicht-Rationale als unangemessene Einmischung seitens des Körpers dar. Die Vernunft lebte von der Verachtung der groben Übergriffe körperlicher Unstetigkeit. In Platons späterem Denken wurde die Seele nicht länger als ein unabhängiges Territorium angesehen, von dessen Grenzen nicht-rationale Kräfte zu verbannen waren. Sie wurde zur gespaltenen Seele, in der die Vernunft mit nicht-rationalen menschlichen Eigenschaften kämpfen muß, die ihren eigenen Anteil an der Seele haben. Die Änderung ermöglichte eine reichhaltigere und subtilere Darstellung der Beziehungen zwischen der Vernunft und nicht-rationalen Elementen sowie der Rolle des Intellektes im guten Leben als der frühere einfache Dualismus zwischen Intellekt und Körper. In der Geschichte von Leontius ist sein lebhafter Ärger nicht als unangebrachte Unruhe des Körpers, sondern als Bundesgenosse der Vernunft anzusehen.

Die Rolle solcher Leidenschaften im guten Leben wird in anderen platonischen Dialogen weiter ausgeführt. Im *Philebos* läßt Platon den Sokrates fragen: "Ob wohl einer von uns leben möchte, so daß er zwar alle Einsicht und Vernunft und Wissenschaft und Erinnerung von allem hätte, Lust aber weder viel noch wenig genösse und ebenso wenig Unlust, sondern für dieses alles ganz unempfänglich wäre?"[2] Sokrates stimmt der Antwort zu, daß das Leben, in dem geistige Betätigung mit Vergnügen kombiniert ist, als das bessere Leben anzusehen sei. Im *Phaidros* bot Platon eine noch positivere Darstellung der Rolle von Leidenschaft und Verlangen an. Das Thema wird im Zusammenhang mit einer Erörterung darüber eingeführt, ob ein junger Mann gut daran tut, einen Liebhaber zu wählen, der nicht durch die emotionale Unruhe und die Qualen der Eifersucht zur Raserei gebracht wird, die mit sexueller Anziehungskraft einhergehen, einen Liebhaber also, der sich stattdessen in ruhiger, rationaler Weise den Interessen des jungen Mannes zuwendet. Sokrates argumentiert, daß die Bevorzugung einer Liebe ohne Leidenschaft auf einer falschen Trennung beruhe. Es gelingt dabei nicht, das Tier der Realität entsprechend seiner natürlichen Ausbildung an der Stelle zu zerlegen, wo das Gelenk ist, sondern man zerhackt es und bricht dabei seine natürlichen Teile entzwei, so wie es ein schlechter Tranchierer täte. Sokrates' Gegenspieler läßt nur eine einzige Form der Unvernunft, nämlich die Charakterschwäche, zu und hat ihr die Liebe zugeordnet. Die korrekte Klassifizierung aber erkennt nicht nur diese destruktive Form der Liebe an, sondern noch eine andere Art — einen göttlichen Wahnsinn, der die Seele durch das Streben nach Erkenntnis zu unsterblicher Freude antreibt. Diese Liebe ist eine Form des Wahnsinns, aber auch ein göttliches Geschenk — eine Befreiung der Seele vom Joch der Gewohnheit und der Konvetion. Die Schönheit, die die Liebe inspiriert, erinnert die Seele an ihre frühere leiblose Kontemplation der immerseienden Formen. Solche Liebe ist eine Erregung der Seele, es wachsen ihr Flügel in der eifrigen Erwartung ihres Fluges in das Reich der Götter. Wenn sie richtig eingesetzt wird, so bringt die Liebe die Seele in einen Status, der alles übertrifft, was sie durch ruhiges, leidenschaftsloses Streben nach rationaler Weisheit allein erreichen kann. Die Anziehungskraft gegenüber körperlicher Schönheit hat daher zwei Formen — die eine ist grob und verderbt, die andere edel, aber nicht weniger rasend — und diese beiden befinden sich in der Seele des Liebenden im Widerstreit miteinander.

Diese Aspekte ermöglichen eine Bereicherung der platonischen Konzeption von Vernunft. Die Pflege der Vernunft behielt ihre zentrale Stellung in der platonischen Lebensweise, aber in das Leben der Seele wurden nun nicht-intellektuelle Elemente als energiespendende psychische Kräfte eingebracht, auf die die Vernunft zurückgreift. Andererseits komplizierte diese Konzeption den Kampf der Vernunft um Reinheit. Beide Aspekte des Modells der gespaltenen Seele erscheinen auch in *Phaidros* in der Metapher der Seele als eines Paares geflügelter Pferde, das in natürlicher Einheit mit seinem Lenker verbunden ist.[3] Das eine Pferd ist weiß, edel und leicht zu führen; das andere ist ein dunkles, verwachsenes, schwerfälliges Tier, taub, mit zottigen Ohren, das sich kaum der Peitsche und den Sporen fügt. Durch das entgegengesetzte Verhalten der beiden Pferde wird das Lenken des menschlichen Wagens zu einer schwierigen und besorgniserregenden Aufgabe. Innerhalb dieses Komplexes ist das edle Pferd wie die Lebhaftigkeit in der Geschichte des Leontius Verbündeter des rationalen Leitprinzipes, das im Führer dargestellt wird, und es folgt bereitwillig seiner Kontrolle und seinen Ermahnungen. Im Gegensatz dazu kämpft das unedle Pferd gegen die zügelnde Gewalt des Führers an und kann nur mit großer Schwierigkeit kontrolliert werden. Es entsteht ein Konflikt zwischen dem Verlangen des brutalen Tieres, das voranpreschen will, um zu genießen und angesichts des Schönen zu zeugen, und dem verwunderten Entzücken des edlen Pferdes und des Führers bei demselben Anblick, wodurch der Wagen in heftige Schwankungen versetzt wird. Dieser Konflikt zwischen den Wünschen wohnt jeder leidenschaftlichen Liebe inne. Aber seine positive Lösung ist, wie Sokrates argumentiert, von weit größerem Gewinn für den Geliebten als alles, was er sich von der Zuwendung eines uninteressierten, leidenschaftslosen Liebhabers erhoffen kann. Der Geliebte empfängt den göttlichen Wahn von seinem Liebhaber und die Erfahrung, Gegenstand dieser leidenschaftlichen Liebe zu sein, ist in sich ein Ansatzpunkt für intellektuelles Leben in der Liebe zur Weisheit.

Der spätere Platon sah also in der leidenschaftlichen Liebe und in leidenschaftlichem Verlangen den Anfang des Befreiungsprozesses der Seele durch Erkenntnis. Allerdings muß die Seele zuerst ihre Beschäftigung mit bloßer körperlicher Schönheit überwinden und einige Stadien durchlaufen, bevor sie zur Liebe der immerseienden Formen gelangt. Im *Gastmahl* führt Platon die gegenseitigen Beziehungen zwischen der Liebe in ihren verschiedenen Formen und der Erkenntnis aus. Die weise Frau Diotima lehrt Sokrates die Liebeskunst. Sie erklärt ihm, daß der Name "Liebe" zwar für eine bestimmte Form des Verlangens verwendet wird, daß ihre großartige und subtile Macht in Wahrheit jedoch alles Verlangen nach dem Guten und dem Glück umfaßt.[4] Das Ziel der Liebe ist die Hervorbringung des Schönen aus dem Leib oder der Seele. Dieses Ziel drückt in all seinen Formen die Sehnsucht der sterblichen Natur nach Unsterblichkeit aus, und Erkenntnis ist eine dieser Formen. Erkenntnis ist als eine Form der Liebe mit Unsterblichkeit verknüpft. Das Streben nach Weisheit ist ein geistiger Zeugungsprozeß, der mit der körperlichen Zeugung den Wunsch nach Unsterblichkeit durch Höherentwicklung gemeinsam hat. Es drückt das Verlangen aus, die alte, abgenutzte Sterblichkeit zugunsten einer neuen, andersgearteten Existenz hinter sich zurückzulassen. Das Streben nach Weisheit trägt also einige gemeinsame Züge mit leiblicher Zeugung, sein Ziel ist jedoch eine höhere Form der Unsterblichkeit. Männer, die "nur körperlich fruchtbar" sind, nehmen Zuflucht zu Frauen und zeugen Kinder. Es gibt jedoch Männer, die "in ihrer Seele schöpferischer als in ihrem Körper sind, und zwar kreativ für Dinge, die der Empfänglichkeit und Produktivität der Seele angemessen sind, nämlich Tugend und Weisheit". Diotima stellt die Liebeskunst als einen Fortschrittsprozeß dar, der sich von der Liebe eines Besonderen zur Liebe des Allgemeinen entwickelt und von irdischer Schönheit aufsteigt zum "Leben, das ein Mensch vor allen Dingen in der Betrachtung des reinen Schönen lieben sollte". Das Ergebnis ähnelt dem Höhepunkt moralischen Fortschritts im *Phaidon*. Der Liebende entwickelt sich hin zur Betrachtung einer göttlichen Schönheit, die "nicht von den Verunreinigungen des Fleisches und all den Farben und Eitelkeiten des sterblichen Lebens verderbt" ist. Aber in Diotimas Version über den Fortschritt des Liebenden überwindet die Vernunft nicht einfach nur die Verwirrungen der Leidenschaft, sondern verleibt sich ihre energiespendende Kraft ein. Die Vernunft selbst wird zu einer leidenschaftlichen und dabei ebenso kreativen wie produktiven Fähigkeit. Wer die Weisheit liebt, bringt "nicht Abbilder der Schönheit, sondern das wahre Schöne" hervor; er erzeugt und nährt wahre Tugend. Der platonisch Liebende — der Philosoph — "gebiert das Schöne". Die Liebe ist fruchtbar und platonische Weisheit ist ihre höchste Form. Die alten Konflikte zwischen der Vernunft und den transzendierten Fruchtbarkeitsgeheimnissen werden hier in eine Darstellung einer Vernunft, die selbst fruchtbar ist, eingeordnet.

Als das Modell der gespaltenen Seele später in Verbindung mit dem Mann-Frau Symbolismus gebracht wurde, verursachte es weit komplexere Beziehungen zwischen Weiblichkeit und Vernunft als die Ausrichtung von Weiblichkeit auf Stoffliches und von Männlichkeit auf Vernunft, die im ersten Kapitel diskutiert wurde. Wir werden nun drei Versionen dieses Themas von Philon, Augustinus und Thomas von Aquin betrachten. Alle drei versuchten, die jüdisch-christliche Theologie mit der griechischen Philosophie in Einklang zu bringen. Ihre Verwendung des Mann-Frau-Symbolismus zur Beschreibung der Vernunft erscheint im Interpretationszusammenhang der verschiedenen Versionen des Schöpfungsberichtes, insbesondere der ergänzenden Erschaffung Evas aus Adams Rippe, ihrer Unterordnung unter Adam und ihrer Rolle als Verführerin bei seinem Sündenfall.

Philon: Mannhafte Vernunft und die Fallstricke der Wahrnehmung

Philon, ein Jude aus Alexandrien, schrieb im ersten Jahrhundert nach Christus und benutzte philosophische Modelle der Griechen für die Interpretation jüdischer Schriften. Er lehnte sich an Platon an, indem er die sinnliche Wahrnehmung als Ursache für die Ungereimtheiten der Seele verantwortlich machte. Dies löse eine Flut von Leidenschaften aus, die die souveräne Vernunft zu überwältigen drohe. Und er legte die destruktiven Wirkungen der Sinneswahrnehmung in einer bemerkenswerten Synthese der im Schöpfungsbericht enthaltenen Beziehungen zwischen den Geschlechtern mit einer platonischen Darstellung der Korruption der Vernunft durch die Sinne allegorisch dar.[5] Die Vernunft beherrsche in einer gespaltenen Seele sowohl die minderwertige sinnliche Wahrnehmung als auch die Leidenschaft und das Verlangen, das sie für sinnlich wahrnehmbare Gegenstände hervorbringe. Philon beschreibt die entsetzlichen Folgen der Umkehrung dieser so angemessenen Relation in einem Abschnitt seines Werkes *Über die Tugend*, in dem Bilder von Herrschaft und Unterwerfung geballt vorkommen.

> ”Ganz unnütz ist es, daß der Geist auf die Sinnlichkeit hört und nicht die Sinnlichkeit auf den Geist: denn stets muß das

> das Bessere herrschen, das Schlechtere gehorchen; der Geist ist aber besser als die Sinnlichkeit. Wenn der Wagenlenker wirklich (das Fahrzeug) leitet und die Tiere am Zügel hält, so geht der Wagen, wohin er will; wenn diese aber die Zügel abschütteln und die Herrschaft gewinnen, dann ist schon oft der Führer abgeworfen worden, die Tiere sind durch ihr ungestümes Vorwärtsstürmen in einen Graben gestürzt, und alles ist zu Schaden gekommen; auch ein Schiff geht richtig seinen Weg, solange der Steuermann die Griffe festhält und das Steuer richtig lenkt, es wird aber umhergeschleudert, wenn ein widriger Sturm über das Meer braust und der Wirbel es faßt. Ebenso geht, solange der Geist als Wagenlenker oder Steuermann der Seele das ganze Wesen beherrscht, wie der Staatsmann einen Staat, auch das Leben seinen richtigen Gang; sobald aber die unvernünftige Sinnlichkeit den Vorrang gewinnt, tritt schlimme Verwirrung ein, wie wenn sich Sklaven gegen ihre Herren empören; denn dann wird, um die Sache richtig zu bezeichnen, der Geist im Feuer verbrannt, da die Sinne die Flamme entzünden und die Wahrnehmungsgegenstände als Brennstoff verwenden.“[6]

In Philons Version des Schöpfungsberichtes symbolisiert die Frau die sinnliche Wahrnehmung und ist Anlaß für den Sündenfall des Mannes, der die Dimension des Geistes symbolisiert. Wie die Frau war auch die Wahrnehmung dazu geschaffen, ”Helferin und Verbündete“ des Geistes zu sein. Die Reihenfolge der Erschaffung im Schöpfungsbericht spiegelt die rechtmäßigen Prioritäten innerhalb der menschlichen Fähigkeiten wider:

> ”Zuerst schuf er den Geist, als das ehrwürdigste im Menschen, dann die Sinnlichkeit, das Weib, endlich hierauf als drittes die Wollust.“[7]

Die sinnliche Wahrnehmung erweist sich jedoch ebenso wie die Frau als Quelle des Übels für den Mann, nämlich seines Falles in "jene vergängliche und sterbliche Existenz, die keine Existenz, sondern ein Zeitraum voller Unglück ist". Die Frau als sinnliche Wahrnehmung wird "wegen ihrer Unschlüssigkeit und zu großen Ängstlichkeit getadelt" und fällt daher der List der Schlange zum Opfer, die die Lust symbolisiert.[8] Daß die Lust den Mann durch die Frau im Schöpfungsbericht in Versuchung führt, ist nach Philon ein aussagekräftiger, entscheidender Punkt: ". . . der Geist in uns ist das männliche Prinzip, die Sinnlichkeit das weibliche; die Lust aber pflegt zuerst mit den Sinnen Verkehr und täuscht durch sie den führenden Geist . . ."[9] Der menschliche Geist und die sinnliche Wahrnehmung vereinigen sich bei der Erfassung materieller Gegenstände. Aber es folgen die Verwirrungen leiblicher Gelüste, ". . . um derentwillen die Menschen das sterbliche und unglückliche Leben für ein unsterbliches und glückseliges eintauschen."[10] Philons Gebrauch von Allegorien ist oft bezeichnend für die begrifflichen Beziehungen zwischen Geist und sinnlicher Wahrnehmung. Aber sie stellen auch starke symbolische Beziehungen zwischen Mann-Frau-Relationen und Ideen für die rechte Ordnung verschiedener Aspekte der menschlichen Natur her; ebenso mächtige symbolische Verbindungen werden zwischen dem Geschlecht und den Vorzügen eines guten Lebens hergestellt. Wenn der Geist zum Sklaven wird, mahnt Philon, so verläßt er Gott und wird eins mit der Sinneswahrnehmung.

> "Man beachte, daß nicht die Frau am Manne haftet, sondern umgekehrt der Mann an der Frau, der Geist an der Sinnlichkeit; denn wenn sich das Bessere, der Geist, mit dem Schlechteren, der Sinnlichkeit, vereinigt, dann löst er sich in das Schlechtere, das Fleischliche, auf, d.h. in die Sinnlichkeit, die Mutter der Leidenschaften; wenn aber das

Schlechtere, die Sinnlichkeit, dem Besseren, dem Geist, nachfolgt, dann entsteht nicht Fleisch, sondern beide werden zu Geist."[11]

Auch das alte griechische Thema der weiblichen Passivität findet Eingang in Philons Allegorisierung: ". . . wie dem Manne das Handeln zukommt und dem Weibe das Leiden, so betätigt sich der Geist handelnd, die Sinnlichkeit dem Weibe gleich leidend."[12] Daß die Frau symbolisch die nichtrationalen Aspekte der menschlichen Natur verkörpert, führt nicht automatisch zu der Implikation, daß Frauen irrational seien, sondern Philons Allegorien können nur aufgrund seiner abwertenden Einstellung gegenüber Frauen so funktionieren. Philons Verwendung des Mann-Frau-Symbolismus und seine Herabwürdigung sowohl der wirklichen Frauen als auch der sinnlichen Wahrnehmung sind so eng miteinander verwoben, daß oft keine klare Trennlinie zwischen ihnen gezogen werden kann. Seine ziemlich chaotische Liste von "existentiellen Entscheidungen" in der *Allegorischen Interpretation* gibt teilweise die pythagoreische Gegensatztafel wieder:

> "Unser Weg ist die Seele; denn wie man auf den Wegen die Unterschiede der Dinge betrachten kann, der unbeseelten und beseelten, der vernunftlosen und vernünftigen, der guten und schlechten, der Sklaven und Freien, der Jungen und Alten, der Männer und Weiber, der Fremden und Vollbürger, der Kranken und Gesunden, der Krüppel und der Leute mit heilen Gliedern, so sind auch in unserer Seele seelenlose, unvollkommene, krankhafte, knechtische, weibische und tausend andere unheilvolle Bewegungen enthalten, daneben seelenvolle, gesunde, mannhafte, freimütige, heilsame, altersreife, vortreffliche, edle und wahrhaft eines Gebildeten würdige."[13]

Diese herabsetzenden Assoziationen des Weiblichen werden durch Philons Allegorien sowohl ausgenutzt als auch verstärkt. Das Zusammenspiel des eigentlich Gemeinten mit dem Allegorischen wird in einem Absatz *Über die Einzelgesetze* deutlich, wo Philon eine sinnbildliche Interpretation der jüdischen Bestrafung beipflichtend zitiert, bei der einer Frau die Hand wegen eines so merkwürdigen Vergehens wie "Greifen nach den Genitalien des Gegenübers auf dem Marktplatz" abgehackt wird:

> "Von den Seelen ist — entsprechend (der Scheidung innerhalb) der Familie — die eine männlich und stammt von Männern, die andere ist weiblich und stammt von Frauen: männlich ist die Seele, die sich Gott allein anschließt als dem Vater und Schöpfer des Alls und dem Urgrund aller Dinge, weiblich diejenige, die an den entstehenden und vergehenden Dingen haftet, die ihre Kraft wie eine Hand ausstreckt, um blindlings das erste beste zu betasten, und die so vielen Wandlungen und Veränderungen unterworfene Schöpfung freundlich begrüßt statt der unveränderlichen, seligen, dreifach glücklichen göttlichen Wesensart."[14]

Philons übergangslose Verwendung wortwörtlich gemeinter und symbolischer Versionen zum Thema der Irrationalität der Frau wird durch die Tatsache kompliziert, daß er Weiblichkeit nicht nur mit den nicht-rationalen Aspekten der menschlichen Natur assoziiert, sondern die Frau darüber hinaus als Symbol für die materielle Welt benutzt, die die menschliche Seele zu sich herabzieht. Der menschliche Geist soll die geschlechtliche Trennung überwinden. Er gehört zum Reich des Immateriellen, das weder männlich noch weiblich ist. Er ist nach dem Ebenbild Gottes geschaffen und vermeintlich asexuell, aber die sinnliche Wahrnehmung zieht ihn zu sich herab. Die Abbildung der sinnlich wahrnehmbaren, stofflichen Welt wird mit weiblichen Symbolen gekennzeichnet, wohingegen die Männlichkeit die Sphäre des Geistes und Gottes selbst repräsentiert. Männlichkeit erscheint also symbolisch auf zweierlei Art in Philons System: zum einen innerhalb der stofflichen Welt als menschlicher Geist im Gegensatz zur Sinneswahrnehmung, zum anderen wird sie aber auch mit dem transzendenten asexuellen Reich gleichgesetzt. Weiblichkeit erscheint ebenfalls auf zwei Ebenen: einmal innerhalb der stofflichen Welt als Sinneswahrnehmung im Gegensatz zum männlichen Geist, dann aber als Gleichsetzung mit der stofflichen Welt selbst im Gegensatz zum transzendenten Reich des Geistes.[15]

Derartige symbolische Schwankungen sind nur in einer solchen allegorischen Übung zu erwarten. Der Mann-Frau-Symbolismus kann zur Übermittlung von vielerlei Kontrasten zwischen Höher- und Minderwertigem benutzt werden, und Philon schöpft das symbolische Potential voll aus . Diese Verwendungsweisen des Mann-Frau-Symbolismus treffen jedoch zusammen, um einen geistigen Fortschritt mit Hilfe der Kultivierung des Geistes den Weg zu ebnen, der nur in sehr ambivalenter Weise den Frauen verfügbar ist. Moralischer Fortschritt umfaßt für Philon (wie für Platon) die Überwindung der bestechlichen Einflüsse der Sinneswahrnehmung und körperlicher Leidenschaft durch den Geist. Auf dem Hintergrund seiner Allegorisierungen wird daraus ein Kampf zur Überwindung des Weiblichen. Das tugendhafte Leben, in dem die Vernunft gegenüber den niedrigen Aspekten der menschlichen Natur die Überhand gewinnt, wird in einem Prozeßt der Mannwerdung erreicht, wobei der Einfluß und die Einmischung des Weiblichen abgelegt wird. Die Menschen sollen "stets vor Gott erscheinen, aber nicht das Weibliche, Sinnlichkeit und Leidenschaft, mitbringen, sondern nur den männlichen, mannhafte Selbstzucht übenden Verstand."[16] Fortschritt ist nach Philon "in der Tat nichts anderes als die Aufgabe des weiblichen Geschlechts durch Verwandlung in das männliche, denn das weibliche Geschlecht ist stofflich, passiv, körperlich und sinnlich wahrnehmbar, während das männliche aktiv, rational, nicht körperlich ist und Geist und Denken mehr entspricht".[17] Die Leidenschaften selbst sind "von Natur aus weiblich" und wir müssen an ihrer Aufgabe zugunsten derjenigen maskulinen Kennzeichen arbeiten, die für die "männlichen Prägungen der Hochgefühle kennzeichend sind."[18]

Diese Version des moralischen Fortschritts beabsichtigt nicht den Ausschluß wirklicher Frauen, aber sie enthält einen Appell an sie, diejenigen Charaktermerkmale aufzugeben, die sie augenscheinlich als weiblich kennzeichnen. Im Gegensatz dazu ist für den Mann Fortschritt als Stärkung von Charakterzügen anzusehen, die ohnehin symbolisch mit Männlichkeit assoziiert werden:

> ". . . wenn aber Gott mit der Seele zu verkehren begonnen hat, erklärt er die, die zuvor schon Weib war, wieder zur Jungfrau, da er die unedlen und unmännlichen Begierden, durch die sie Weib wurde, aus ihr wegschafft und dafür die edlen und unbefleckten Tugenden in sie einführt."[19]

Für beide Geschlechter besteht geistiger Fortschritt unter anderem in der Überwindung der mit Weiblichkeit assoziierten Passivität zur Unterstreichung der mit Männlichkeit assoziierten Aktivität.

> "So ist gleich das Tier für das Ganzopfer ein männliches, weil dies vollkommener, mehr zum Gebieten geeignet und der wirkenden Ursache[4)] verwandter ist als das weibliche; denn das Weib ist unvollkommen, untertan, mehr zum Leiden als zum Wirken bestimmt. Und von den zwei Bestandteilen unserer Seele, dem vernünftigen und dem unvernünftigen, ist der vernünftige Teil, den der Verstand und das Denken bilden, männlicher Abstammung, der unvernünf-

tige aber, der in der sinnlichen Wahrnehmung besteht, weiblicher. Der Verstand ist ja der sinnlichen Wahrnehmung wie der Mann dem Weibe in jeder Hinsicht überlegen."[20]

Der "erkennende Mensch" setzt sich aktiv mit seinem Leid auseinander, "er tritt vor wie ein Athlet, um allen Kümmernissen mit Stärke und Vitalität zu begegnen".[21] Die Frauen werden von dem moralischen Athletentum des erkennenden Menschen nicht eigentlich ausgeschlossen, aber sie können ihn nur auf Kosten dessen erreichen, was ihre spezifische Weiblichkeit definiert.

Die Hindernisse, denen Philons Frauen beim Streben nach Tugend ausgesetzt sind, entstammen dem Mann-Frau-Symbolismus. Es handelt sich jedoch nicht nur um symbolische Hindernisse. Die Symbole wirken sich konkret auf das Verständnis der Frau im Hinblick auf die Vernunft aus. Philons allegorische Verknüpfungen des Geschlechtes mit den Elementen einer gespaltenen menschlichen Natur können nicht als inkonsequente, phantastische Spielereien mit frei assoziierten Ideen abgetan werden. Er selbst nahm sie ernst; Allegorien waren für ihn wie für viele spätere Denker, die von ihm beeinflußt wurden, keine rein stilistischen Verschönerungen, sondern ernstzunehmende Träger der Textinterpretation. Philon warnte davor, die Schöpfungsgeschichte selbst als "mythische Gebilde" zu behandeln, an denen "das Dichter- und Sophistenvolk Gefallen findet, sondern typische Beispiele, die zu allegorischer Deutung nach ihrem verborgenen Sinn auffordern."[22] Seine eigenen "allegorischen Interpretationen" sind in ihrer Intention nicht weniger ernst und in ihrem Einfluß nicht weniger bedeutend. Wenn auch seine Allegorien heute beliebig und kurios erscheinen, so wurden die mit ihrer Hilfe artikulierten Ideen und Ideale doch in den sich entwickelnden Denkstrukturen im Zusammenhang mit Vernunft und Geschlecht tief verwurzelt.

Augustinus: Geistige Gleichheit und natürliche Abhängigkeit

Die Verwendung des Mann-Frau-Symbolismus zum Ausdruck von Abhängigkeitsbeziehungen zwischen Elementen einer gespaltenen menschlichen Natur hielt in der christlichen Tradition der Bibelauslegung an. Etwa im vierten Jahrhundert konnte Augustinus seine eigene Erläuterung des Schöpfungsberichtes auf dem Hintergrund einer überaus fruchtbaren Tradition allegorischer Interpretationen in bezug auf Geschlechtskennzeichen formulieren. Seine eigene Version dieser Kunst ist ebenso bedeutend wie interessant.[23] Frühere Verknüpfungen Verknüpfungen des Schöpfungsberichtes mit philosophischen Konzepten der Griechen hatten nach Philon zu der Tendenz geführt, den minderwertigen Ursprung der Frau und ihre Abhängigkeit mit ihrer geringeren Rationalität zu verbinden. Augustinus wandte sich strikt gegen solche Interpretationen, die er als unvereinbar mit dem christlichen Prinzip der geistigen und religiösen Gleichheit ansah. Er füllte dieses Prinzip inhaltlich im Sinne griechischer Vernunftideale. Augustinus widersetzte sich auch jeder Interpretation einer getrennten Erschaffung der Frau, die von Gottes ernsthaften Absichten bei der Erschaffung geschlechtlicher Unterschiede ablenken könnte, etwa der Aussage, daß die Existenz der Frau als solche Symbol des Sündenfalles sei. Seine eigene Interpretation des Sexualsymbolismus in der Schöpfung zielt deutlich auf eine Verteidigung der Frauen gegen etwas ab, das er als Frauenfeindlichkeit früherer Auslegungen auffaßte. Aber trotz dieser bewußten Aufwertung der weiblichen Natur stellen seine eigenen Interpretationen die Frau noch immer in ein problematisches Verhältnis zur Vernunft.

Obwohl die Existenz des weiblichen Geschlechtes nicht verderblich, sondern natürlich ist, können die Beziehungen zwischen Mann und Frau nach Augustinus als symbolhafte Beziehungen zwischen der angemessenen Abhängigkeit und Herrschaft in der menschlichen Natur angesehen werden; er widmet seiner Suche nach einer Grundlage für die abhängige Stellung der Frau und für ihre Rolle als Gefährtin, die die Frau trotzdem nicht außerhalb der souveränen Vernunft plaziert, viel Aufmerksamkeit. Es steht hier mehr auf dem Spiel als eine kuriose Beschäftigung mit der Suche nach einer richtigen Interpretation des Schöpfungsberichtes. In dem traditionellen Rahmen der Synthese biblischer Texte und griechischer philosophischer Begriffe bemühte sich Augustinus um die Artikulation der Gleichheit der Geschlechter hinsichtlich der Vernunft, wobei er dennoch interpretatorischen Gehalt für die Abhängigkeit der Frau vom Manne in der Schöpfungsgeschichte fand. Das Sein der Frau als rationales Wesen muß nach Augustinus von dem unterschieden werden, was sie in ihrem leiblichen Anderssein in bezug auf den Mann symbolisiert. Diese leibliche Verschiedenheit trägt allein das symbolische Gewicht; und ihre symbolische Rolle muß ohne Schaden für die Gleichheit der Frau mit dem Mann hinsichtlich der Vernunft ausgedrückt werden. In den *Confessiones* versucht Augustinus, der Herausforderung zu begegnen, indem er sagt, daß der rationale Mensch, der im Angesicht und nach dem Bilde Gottes geschaffen sei, über die nicht mit Vernunft begabten Tiere herrsche. Und ebenso wie es in der Seele zwei Kräfte gäbe, eine die "kraft des Aktes der Überlegung regiert" und eine, die "abhängig gemacht ist, sodaß sie gehorchen möge", so wurde

> ". . . auch im leiblichen Bereich für den Mann das Weib erschaffen, das zwar dem Geiste nach, der vernünftig erkennt, die gleiche Natur zu haben, nach dem Leibesgeschlecht aber dem männlichen Geschlecht so unterstellt sein sollte, wie der Trieb zum Handeln sich zu unterwerfen hat, um von des Geistes Vernunft die Fähigkeit zum Richtighandeln zu empfangen."[24]

Hinsichtlich ihrer rationalen Intelligenz ist die Frau ebenso wie der Mann Gott allein untertan. Aber ihre körperliche Verschiedenheit vom Mann und die körperliche Abhängigkeit, die Augustinus offenbar als untrennbar mit ihr verbunden ansieht, ist symbolischer Ausdruck einer Abhängigkeitsbeziehung zwischen zwei Aspekten der Vernunft. Augustinus liefert eine ausführlichere Darstellung ihrer Unterschiede in seinem Werk *De Trinitate*. Die physische Abhängigkeit der Frau vom Manne symbolisiert die rechtmäßige Abhängigkeit der praktischen Funktionen des menschlichen Geistes — etwa seine Kontrolle weltlicher Dinge bei der Regelung von Lebensangelegenheiten — von seiner höheren Funktion, die in der Kontemplation ewiger Dinge besteht. Die im Schöpfungsbericht dargestellte Helferin des Mannes, die von seinem Fleische genommen und ihm als Gefährtin nachgebildet werden sollte, symbolisiert die Umdeutung der Vernunft auf praktische Angelegenheiten.

> Wie sonach zwei, Mann und Frau, ein Fleisch sind, so umfaßt die eine Natur des Geistes unsere Vernunft und unser Handeln oder unser Planen und unser Ausführen oder unseren Verstand und das Verstandesstreben oder wie immer man es mit einem bezeichnenderen Wort ausdrükken mag, so daß, wie von jenen gesagt wurde: Sie werden zwei sein in einem Fleische, von diesen gesagt werden kann: zwei in einem Geiste.“[25]

Diese symbolische Assoziation mit der geringeren, praktischen Funktion des menschlichen Geistes soll in keiner Weise bedeuten, daß die Frau nicht im Besitz jener höheren kontemplativen Funktion der Vernunft sei, kraft deren menschliche Wesen nach dem Ebenbild Gottes geschaffen sind. Der Schöpfungsgeschichte zufolge ”ist die menschliche Natur selbst, die sich in beiden Geschlechtern vollendet, nach dem Bilde Gottes geschaffen worden“. Nichtsdestoweniger existiert in diesem

Bild eine geschlechtlich differenzierte Dimension. Der Mann ist "aus sich selbst heraus" das Ebenbild Gottes, und zwar ebenso vollständig und vollendet, als wenn er mit der Frau zu einer Einheit verbunden wäre. Da der Frau die Rolle der Gehilfin zugewiesen ist, kann sie nur zusammen mit ihrem Manne Ebenbild Gottes sein. Dies ist Augustinus' Interpretation des Gebotes des Paulus (1. Kor. 11:7,5), daß der nach dem Ebenbild und zum Ruhme Gottes geschaffene Mann sein Haupt nicht bedecken solle; während die Frau, die zum Ruhme des Mannes geschaffen sei, ihr Haupt bedecken solle.[26] Es wäre ungenau, Augustinus hier so darzustellen, als fordere er, daß die Frau nur gemeinsam mit dem Mann, dessen Gefährtin sie ist, als "nach Gottes Ebenbild geschaffen" angesehen werden könne, während der Mann für sich selbst so geschaffen sei. Vielmehr legt Augustinus Wert auf die Feststellung, daß die Frau nur in ihrer Rolle als Gefährtin *nicht* Ebenbild Gottes ist. Es wird zu recht gesagt, daß die Frau nur insoweit nicht nach dem Bilde Gottes geschaffen sei, als sie Symbol für die Ausrichtung des menschlichen Geistes auf lebenspraktische Angelegenheiten ist.

Es steht hier wiederum erheblich mehr auf dem Spiel als ein eifriges Interesse an der präzisen Interpretation eines biblischen Gesetzes. In diesen Ausführungen versuchte Augustinus eine klare Trennlinie zwischen den Forderungen an die weibliche Natur und der Rolle der Frau als Symbol zu ziehen und jede Andeutung zurückzuweisen, daß die Frauen von der "Erneuerung in Christus" ausgeschlossen seien. Denn diese Erneuerung ist für ihn eine Verstärkung desjenigen Aspektes, im Hinblick auf den menschliche Wesen als Ebenbilder Gottes geschaffen wurden, nämlich eine Verstärkung der Vernunft. Die Vernunft ist, wie Augustinus immer wieder betonte, in menschlichen Geist angesiedelt, "der geschlechtslos ist". Und die Rolle der Frau als Symbol der Ablenkung des Geistes in das Weltliche bedeutet keinesfalls, daß sie nicht zu der höheren, betrachtenden Form der Vernunft in der Lage sei.

> "Weil sie aber durch die geschlechtliche Eigenart ihres Leibes vom Manne verschieden ist, konnte ordnungsgemäß durch ihre körperliche Verschleierung jener Teil des Verstandes versinnbildet werden, der zur Leitung des Zeitlichen abgleitet, so daß das Bild Gottes nur in jenem Teil des Geistes bleibt, in dem er der Beschauung und Erwägung der ewigen Wesensgründe anhängt — diesen Teil haben indes offenkundig nicht nur die Männer, sondern auch die Frauen."[27]

In all seinen Erläuterungen zeigte Augustinus im Vergleich zu Philon weit mehr Sensibilität für den Unterschied zwischen Allgorien und den tatsächlichen Charaktermerkmalen von Männern und Frauen. Aber trotz seiner guten Absichten richtet sich sein eigener Symbolismus gegen seine ausdrückliche Doktrin der Gleichheit der Geschlechter im Hinblick auf die Vernunft. Auf dem Hintergrund früherer Assoziationen zwischen Weiblichkeit und minderwertigen Aspekten der menschlichen Natur kann seine Wiederentdeckung des Weiblichen als eine Aufwertung angesehen werden. Die Frau ist, wie er betont, nur hinsichtlich ihres leiblichen Andersseins im Vergleich zum Manne als angemessenes Symbol für eine geringere intellektuelle Funktionsweise anzusehen; und dieser Unterschied ist in seiner Philosophie vergleichsweise unbedeutend. Von großer Bedeutung ist dagegen ihr Status als rationales Wesen, wo sie dem Manne gleichgestellt ist. Aber aus unserer heutigen Perspektive kann natürlich aufgezeigt werden, daß bloße körperliche Unterschiede ein weibliches Wesen nicht zu einem geeigneteren Objekt für die symbolische Repräsentation "geringerer" intellektueller Funktionen machen als den Mann. Wirksam wird hier wieder die begriffliche Gleichsetzung von Männlichkeit mit Überlegenheit und von Weiblichkeit mit Unterlegenheit. Obwohl er sich zur geistigen und religiösen Gleichheit der Geschlechter bekennt, beläßt Augustinus' Symbolismus die Weiblichkeit an einer unsicheren Stelle in bezug auf die Vernunft — in der Nähe sinnlicher Verwicklungen, mit denen die Vernunft in ihrer Ablenkung von der höherwertigen Kontemplation kämpfen muß. Er führt diesen Aspekt seiner Symbolik im Sinne der Bestechlichkeit des Willens, aufgrund seiner Beschäftigung mit den Sinnen, weiter aus und verstärkt auf diese Weise ältere Assoziationen zwischen Weiblichkeit und Charakterschwäche.

Für Augustinus kontrolliert der rationale Geist von Rechts wegen das sinnlich Wahrnehmbare; aber die Vernunft kann stattdessen in das Reich der Sinne in exzessiver Liebe hinabgezogen werden. Dies war seine Version des Sündenfalls; und diese blieb symbolisch mit der Frau verknüpft, obwohl sie nun eher als Fehlleistung der Vernunft selbst denn als die Unterwerfung der Vernunft unter eine fremde, störende Sinneswahrnehmung dargestellt wurde. Die Beschäftigung des menschlichen Geistes mit weltlichen Dingen kann dazu führen, daß er "in einem unkontrollierten Prozeß" "zu weit davongleitet":

> "Wenn dieser auch nur in jenem Verstandesteil, dem die Verwaltung der zeitlichen Dinge übertragen ist, durch maßloses Weiterschreiten allzusehr in das Äußere absinkt, indem ihm sein Haupt zustimmt, das heißt indem ihn nicht anhält und zügelt jener Teil, der auf der Warte des Überlegens den Vorsitz innehat, gleichsam die männliche Rolle spielend, so altert er ob seiner Feinde, der auf seine Kraft neidischen Dämonen mitsamt deren Fürsten, dem Teufel; und so wird jene Schau des Ewigen auch vom Haupte selbst ebenso wie von der Gattin, welche die verbotene Frucht ißt, weggezogen, so daß das Licht seiner Augen nicht mehr mit ihm ist . . ."[28]

Es stimmt zwar, daß die Umlenkung des menschlichen Geistes auf das Praktische, für das die Frau symbolhaft steht, für Augustinus nicht mit einem Abstieg in ein Reich verbunden ist, das der Vernunft unzugänglich ist. Aber diese praktische Anwendung der Vernunft verfügt über einen "Appetit", der einem solchen Abstieg sehr nahekommt, und sie ist daher anfällig für das Verderben. Die Fähigkeit zur Abbildung stofflicher Gegenstände ist für das Funktionieren des Geistes in der stofflichen Welt grundlegend. Und er kann sich bereitwillig in exzessiver Weise "mit dem Leim der Liebe" an Stoffliches binden.[29] Augustinus sah in dieser entehrenden "Unzucht der Vorstellungskraft" einen Mangel des Willens. Und die Kapitulation des Willens in solchen Verwicklungen blieb für ihn symbolisch mit der Frau verknüpft. Dies ist ein Aspekt einer breiter angelegten symbolischen Verknüpfung der Frau mit der Leidenschaft, mit der "Verweltlichung des Geistes", die Folge des Verlustes der Selbstkontrolle durch den Willen ist. Für Augustinus macht der Verlust der Selbstkontrolle leibliches Verlangen so beunruhigend; denn dieser steht nicht im Einklang mit der rechtmäßigen Unterwerfung des Leibes unter den Geist. Ein solcher "Streit, Kampf und Zank" zwischen der Lust und dem Willen ist Folge der menschlichen Erbsünde, die aus Ungehorsam erwuchs. Ohne ihn hätte das menschliche "Zeugungsorgan" dem Willen ebenso wie andere leibliche Organe gehorcht, indem es seinen Samen in das "Feld der Geburt" aussäte, so wie die Hand Samen in das "Feld der Erde" sät.[30] Als Objekt männlicher Lust wird die Frau mit dieser qualvollen Unterwerfung des Leibes unter den Geist gleichgesetzt.

Augustinus ersetzte den älteren Sexualsymbolismus aus Achtung vor der geistigen und religiösen Gleichheit, aber in ihrer Struktur bleibt die Lage weitgehend unverändert: Die Seele kann nur dann ein vernunftgemäßes und tugendhaftes Leben anstreben, wenn sie der unzüchtigen Phantasie widersteht, die den Willen zu sich herabzuziehen trachtet. Die Frau wird weiterhin mit körperlicher Unstetigkeit, die sich gegen die Vernunft auflehnt, in Verbindung gebracht. Und ihre "natürliche" Unterordnung unter den Mann ist stellvertretend für rationale Kontrolle, für die Unterwerfung des Fleisches unter den Geist in der rechten Ordnung der Dinge. Ein vernunftgemäßes Leben steht nach Augustinus der Frau in ihrer geistigen und religiösen Gleichheit offen. Aber es blieb die Tatsache bestehen, daß der Mann in seinem Streben nach einem vernunftgemäßen Leben nur diejenigen Aspekte der menschlichen Natur zu negieren hat, die ohnehin außerhalb seines symbolischen Seins sind. Trotz ihres Status als Miterbin der Gnade muß die Frau denselben Weg gehen, und zwar unter der Belastung der symbolischen Macht ihrer Abhängigkeit vom Manne, die Augustinus als natürlich ansah.

Thomas von Aquin: Das Prinzip des Menschengeschlechts und die Rolle der Gefährtin

Augustinus' Verwertung griechischen Gedankengutes basierte vornehmlich auf Platon. Im dreizehnten Jahrhundert rückte der platonische Beiklang seines Denkens ein wenig in den Hintergrund und wurde gemeinsam mit dem Gedankengut des Aristoteles zur "Autorität" für die berühmteste aller versuchsweise unternommenen Synthesen griechischen und christlichen Denkens, nämlich für die *Summa Theologica* des Thomas von Aquin. Von Aristoteles leitete Thomas eine besser integrierte Sicht der menschlichen Natur ab, als sie für den platonischen Grundzug des Augustinus charakteristisch war. Augustinus hatte Wert auf die Einheit der Seele inmitten der Mannigfaltigkeit ihres Wirkens gelegt. Aber eine Ordnung der aristotelischen Unterscheidungen zwischen "Wirklichkeiten" und "Möglichkeiten", "Fähigkeiten" und "Funktionen", "Subjekten“ und ”Prinzipien“ erlaubte Thomas von Aquin eine weit präzisere Artikulation dieses Themas. Trotz ihrer unterschiedlichen Fähigkeiten bildet die Seele eine Einheit; und trotz ihrer verschiedenen Funktionen ist diejenige Fähigkeit, die den Geist ausmacht, einheitlich.

Eine weitere Dimension der Einheit der Seele in der Philosophie des Thomas von Aquin ergab sich aus seiner Entwicklung des aristotelischen Begriffes der substantiellen Form als des intelligiblen Prinzips eines Körpers. Die intellektuelle Seele ist die Form eines lebendigen menschlichen Leibes. Diese Seele verfügt über Intellekt als eine ihrer Fähigkeiten; aber sie ist ebenso das Prinzip der geringeren, nicht-intellektuellen Prozesse, die dem Menschen innewohnen. Bei den nicht-rationalen Tieren haben diese empfindenden oder vegetativen Prozesse minderwertige, nicht-intellektuelle Seelen zum Prinzip. Die intellektuelle Seele aber enthält ”im Grunde“ die weniger vollendeten Formen in sich, denen die weniger edlen, nicht-intellektuellen Funktionen der menschlichen Natur zugeschrieben werden.[31] Das lebendige menschliche Wesen ist ein Ding mit nur einer substantiellen Form — der intellektuellen Seele — aber diese Seele ist nicht nur der Ursprung des Intellektes, sondern auch der minderen Funktionen. Dies bedeutet jedoch nicht, daß sie grundsätzlich ihr ”Subjekt“ ist. Die intellektuelle Seele ist ebenso der Ursprung der Sinne wie des Verstandes und des Willens. Aber nur Verstand und Wille sind *in* der Seele als ihrem Subjekt angesiedelt. Die Sinneswahrnehmung hat ihren Sitz nicht in der Seele selbst, sondern vielmehr in der menschlichen Zusammensetzung von Leib und Seele; diese Zusammensetzung hat die Fähigkeit zur sinnlichen Wahrnehmung aber nur *durch* die intellektuelle Seele.

Bei diesem vergleichsweise komplizierten Apparat zur Handhabung des Problems der Einheit der Seele innerhalb ihrer Mannigfaltigkeit verwundert es nicht, daß Thomas von Aquin keine Verwendungsmöglichkeit für einen Mann-Frau-

Symbolismus als Ausdruck einer Trennung zwischen Teilen oder Elementen der Seele oder zur Verdeutlichung des Eindringens der Sinne in den menschlichen Geist fand. Trotzdem ergibt sich aus seiner Darstellung der menschlichen Natur noch eine andere Interpretation des Schöpfungsberichtes hinsichtlich der Beziehungen zwischen Mann und Frau.

Thomas von Aquins Interpretation des Schöpfungsberichtes arbeitet begrifflich mit dem *Ursprung* als Handlungsursache, als desjenigen Elementes, in der Handlungen ihre logische Grundlage haben: ". . . damit auch er [der Mensch] gemäß der Ähnlichkeit mit Gott Ursprung seiner ganzen Art sei, wie Gott der Ursprung des Weltalls ist."[32] Diese Aussage läßt den Schluß zu, daß zwar der Mann, nicht aber die Frau nach dem Bilde Gottes geschaffen sei. Bei der Feststellung, daß die intellektuelle Natur als Ebenbild Gottes in seiner grundlegenden Bedeutung sowohl im Manne als auch in der Frau verankert ist, zitiert Thomas den Augustinus als Autorität; im menschlichen Geist "besteht keine Trennung der Geschlechter". In einem Nebensinn wird der Geist jedoch nur dem Mann, nicht aber der Frau zugesprochen, "denn der Mann ist der Anfang und das Ende der Frau, so wie Gott der Anfang und das Ende einer jeden Kreatur ist". Der Mann wurde nicht für die Frau, sondern die Frau für den Mann geschaffen.[33]

Dieser Nebensinn, in dem die Frau nicht das Prinzip des Menschengeschlechtes ist und daher nicht nach dem Bilde Gottes geschaffen wurde, wird von Thomas im Sinne einer Unterscheidung zwischen der menschlichen "Lebensfähigkeit" im Gegensatz zu seiner "Fortpflanzungstätigkeit" begriffen. Bei allen Tieren gibt es eine Lebenstätigkeit — edler als die der Fortpflanzung —, auf die ihr Dasein primär ausgerichtet ist. Im Falle des Menschen bezieht sich diese Lebenstätigkeit, die sein Lebensziel bestimmt, auf etwas noch Edleres: auf die Tätigkeit des Intellektes. Weil die Lebenstätigkeit der Menschen anders als die der Tiere diesen vornehmen intellektuellen Aspekt umfaßt, besteht auch nach Thomas mehr Anlaß dazu, eine Unterscheidung zwischen Lebenstätigkeit und Fortpflanzungstätigkeit vorzunehmen. Thomas von Aquin glaubte, daß genau diese Unterscheidung im Schöpfungsbericht über die gesonderte Erschaffung der Frau symbolisiert wird. Der erste Mensch steht symbolhaft für die menschliche Lebenstätigkeit einschließlich der Vernunft; er gilt als Prinzip des Menschengeschlechtes, in dem die menschliche Natur identifiziert werden kann. Die gesondert erschaffene Frau steht symbolisch für die Fortpflanzungstätigkeit, wobei die Fortdauer der menschlichen Natur als solcher im Manne zusammengefaßt ist. Thomas zufolge wird die Frau durch ihre Rolle bei der Fortpflanzung zur Gehilfin des Mannes. In allen anderen Lebensbereichen "wird dem Manne wirksamere Hilfe durch einen anderen Mann zuteil."[34]

Für Thomas steht die Frau also nicht stellvertretend für eine mindere Form oder einen geringeren Anteil an Rationalität, sondern ihre Bestimmung erschöpft sich in der Reproduktion der menschlichen Natur, im Unterschied zu jener Form der Tätigkeit, die die menschliche Natur als solche definiert. Trotz der von Thomas mit Nachdruck postulierten Tatsache, daß sie "nach dem Bilde Gottes geschaffen" sei hinsichtlich des "rationalen Prinzips", wird sie symbolisch außerhalb der tatsächlichen Manifestationen der Vernunft im menschlichen Leben placiert. Und trotz seines Beharrens darauf, daß die Abhängigkeit der Frau in der Schöpfung nicht als Symbol für ihre geringere Rationalität gelten solle, enthält die *Summa theologica* viele Hinweise darauf, daß diese Aussage nicht auf seinen Glauben zurückzuführen ist, Frauen seien ebenso vernunftbegabt wie Männer. Das minderwertige und abhängige Sein der Frau bedeutet nicht, wie einige Gegner des Thomas behaupten, daß ihre Existenz selbst eher den verderblichen Folgen des Sündenfalles als dem ursprünglichen Schöpfungsstatus zuzuordnen ist. Aber wie Augustinus ist Thomas von Aquin nicht nur der Abhängigkeit verpflichtet; und er sieht sie in der Vorherrschaft der Vernunft im Manne begründet:

> "Es würde nämlich das Gut der Ordnung in der Menge der Menschen gefehlt haben, wenn sich einige nicht durch andere, weisere Menschen hätten leiten lassen. Gemäß diesem Unterordnungsverhältnis ist das Weib dem Manne von Natur aus unterworfen; denn im Manne überwiegt von Natur aus die Unterscheidungskraft des Verstandes."[35]

In einem späteren Abschnitt der *Summa theologica* zitiert Thomas von Aquin beifällig die Behauptung des Aristoteles, daß Frauen nicht als "mäßig und enthaltsam" beschrieben werden könnten, weil sie durch die mangelnde Stabilität ihrer Vernunft "schwankend" und leicht zu leiten seien, so daß sie schnell bereit seien, ihren Leidenschaften zu folgen.[36] Und er ordnet die Frauen mit den Kindern und den Schwachsinnigen in eine Gruppe ein, da sie unfähig seien, wegen eines "Mangels an Vernunft" zuverlässiges Zeugnis abzugeben.[37] Seine Übernahme der aristotelischen Fortpflanzungsdoktrin bedeutet auch, daß die Frau sogar in der Reproduktion, für die sie symbolisch steht, nur eine passive, ergänzende Rolle spielt, und ihre eigene Zeugung ist von Mängeln geprägt. Die "im männlichen Samen sich vorfindende wirkende Kraft", so schreibt er in Anlehnung an Aristoteles,

> "zielt darauf ab, ein dem männlichen Geschlechte nach ihr vollkommen Ähnliches hervorzubringen. Die Zeugung des Weibes aber geschieht auf Grund einer Schwäche der wirkenden Kraft wegen schlechter Verfassung des Stoffes oder auch wegen einer von außen bewirkten Veränderung, z.B. den feuchten Südwind."[38]

Thomas von Aquin wies Interpretationen der Schöpfung zurück, die die Frau als Symbol eines geringeren Anteils oder minderer Form der Vernunft behandelten. Ihre neue symbolische Bestimmung aber, in der sie lediglich mit der Reproduktion einer ihr nicht zugänglichen menschlichen Natur in Verbindung gebracht wird, dient der Verstärkung ihres symbolischen Ausschlusses aus den wirklichen Manifestationen der Vernunft. Und der Einfluß des Aristoteles auf das Denken des Thomas von Aquin gibt der Idee der tatsächlichen Unterlegenheit der weiblichen Vernunft neue Nahrung.

Diese frühen Versionen des Verhältnisses der Frau zur Vernunft zeigen sie auf mancherlei Weise als abgegleitet von einem männlichen Paradigma rationaler Vortrefflichkeit — als Zusatz und, trotz ihrer Rolle als Gefährtin, häufig als Hindernis eines grundlegend männlichen Menschseins. Bis hierher sollte klargeworden sein, daß es bei allen genannten Aspekten um mehr geht als nur die Feinheiten der Bibelauslegung und eine Abfolge von frauenfeindlichen Haltungen im philosophischen Denken. "Das männliche Vorurteil", wenn wir es so nennen wollen, vergangenen philosophischen Gedankengutes über die Vernunft steckt tiefer. Es handelt sich nicht einfach um die Frage der Anwendbarkeit neutral spezifizierter Ideale der Rationalität auf Frauen, sondern vielmehr um die Geschlechtszuweisung der Ideale selbst. Ein Ausschluß oder eine Überwindung des Weiblichen ist in vergangene Ideale der Vernunft als des souveränen menschlichen Charaktermerkmals eingearbeitet. Und dementsprechend bildete sich, wie wir in späteren Kapiteln sehen werden, die inhaltliche Bestimmung der Weiblichkeit teilweise mit Hilfe solchen Ausschlusses.

3
Vernunft als geistige Errungenschaft

Einführung

In den *Grundlinien der Philosophie des Rechts* kontrastierte Hegel die "glücklichen Ideen, den Geschmack und die Eleganz" als Merkmale des weiblichen Bewußtseins mit männlichen Errungenschaften, die eine "universale Fähigkeit" erfordern.

> "Die Bildung der Frauen geschieht, man weiß nicht wie, gleichsam durch die Atmosphäre der Vorstellung, mehr durch das Leben, als durch das Erwerben von Kenntnissen, während der Mann seine Stellung nur durch die Errungenschaft des Gedankens und durch viele technische Bemühungen erlangt."[1]

Diese Arten der Verbindung zwischen Männlichkeit und Leistung beschränken sich nicht auf Hegel. Im abendländischen

Denken wird Männlichkeit als solche schon als Leistung anerkannt, wenn sie durch einen Bruch mit der "natürlicheren" Beschaffenheit der Frauen erreicht wird. Einstellungen zur Vernunft und ihren Einfluß auf das Leben haben in diesem Zusammenhang eine bedeutende Rolle gespielt; eine Entwicklung, die im siebzehnten Jahrhundert stattfand, erweist sich dabei als besonders grundlegend.

In den Illustrationen der Überlegenheit der Vernunft über andere Aspekte der menschlichen Natur, die wir im letzten Kapitel diskutierten, wurde der Vernunft als ein menschliches Unterscheidungsmerkmal mit Verästelungen in alle Lebensbereiche hinein betrachtet, seien sie praktisch oder kontemplativ. Dies traf sogar auf Augustinus zu, obwohl er dieses Kennzeichen als minderwertige Umlenkung der Vernunft betrachtete. Im siebzehnten Jahrhundert wurde die Vernunft nicht einfach als ein unterscheidendes Merkmal der menschlichen Natur angesehen, sondern als eine persönliche Leistung — eine Fertigkeit also, die erlernbar ist, eine besondere methodische Art des Denkens, die von anderen Formen des Denkens scharf abgegrenzt wurde —, und ihre Beziehungen zu anderen Aspekten der menschlichen Natur wurden ebenfalls transformiert. Die gründlichste und einflußreichste Version der Vernunft als methodisches Denken wurde in der berühmten Methode des Descartes vorgelegt. Es geschah hier etwas, das sich für die Entwicklung von Stereotypen in bezug auf Männlichkeit und Weiblichkeit als grundlegend erwies, und dies geschah in mancherlei Hinsicht entgegen den ausdrücklichen Absichten des Descartes.

Die Methode Descartes'

In ihren griechischen Ursprüngen war die Grundbedeutung des Begriffs "Methode" ein Weg oder Pfad, der zu verfolgen war; und die Metapher eines solchen Pfades, der mit dem Ziele des Verstehens beschritten wird, begleitet uns durch die gesamte philosophische Tradition, die aus dem griechischen Denken erwuchs. Eine Methode, die ohne Analyse arbeitet, ist, wie Sokrates in Platons *Phaidros* feststellt, "wie das Umhertappen eines blinden Mannes".[2] Wer aber die richtige Methode verfolgt, bleibt von solch blinder Wanderung verschont, weil er die Gründe versteht, aus denen etwas in einer gewissen Ordnung abläuft. Descartes verwendete dieselbe Metaphorik. Bei der Darlegung seiner *Regeln zur Ausrichtung der Erkenntniskraft* griff er diejenigen Wahrheitssuchenden an, die

> "ihre Erkenntniskraft oft auf unbekannte Wege locken ohne alle begründende Hoffnung, sondern bloß, um einmal den Versuch zu machen, ob dort vielleicht liegt, was sie suchen, gerade so wie jemand aus derart törichter Habgier darauf brennen würde, einen Schatz zu finden, daß er ständig in den Straßen umherliefe auf der Suche, ob er nicht vielleicht einen fände, den ein Reisender verloren hat."[3]

Aber obwohl seine Beschreibung des Zieles weitgehend gleich blieb, veränderte Descartes vollständig das Verhältnis zwischen Vernunft und Methode, das in der intellektuellen Tradition seit Sokrates zentral gewesen war. Das ursprüngliche, sokratische Ideal der Methode wird in der Definition der Liebe veranschaulicht und in den letzten Abschnitten des *Phaidros* entwickelt. Richtiges methodisches Vorgehen umfaßt nach Sokrates Verallgemeinerungsprozesse, den "Überblick über verstreute Einzelheiten, die zu ihrem Erfassen in einer Idee führen", sowie Prozesse der Einteilung in Arten "entsprechend ihrer natürlichen Ausformung am Gelenk und nicht wie ein schlechter Tranchierer durch das Brechen von Knochen". Diese Prozesse bieten Hilfen für das Sprechen und Denken; sie gehören mithin zur Kunst der Rhetorik. Aber sie werden auch als Führer auf dem Weg zur Wahrheit angesehen, denn sie helfen jenen, die sie ausüben, das "Eine und die Vielen" in der Natur zu entdecken. Die meisten Bestandteile der Idee der Methode, die sich in der späteren Entwicklung auswirkten, sind in diesen kurzen Abschnitten aus *Phaidros* enthalten: die Idee einer geordneten Verfahrensweise; die Idee einer Analyse, die im Hinblick auf ein zu erreichendes Ziel durchzuführen ist; die Verbindungen zwischen Methode und Lehre; die Bedeutung eines Einblicks in die Natur der Seele, in der vermutlich Überredung veranlaßt wird. Die Fähigkeit zur Weitervermittlung der sokratischen rhetorischen Kunst umfaßt ein Verständnis ihrer Seinsweise und den Bezug ihrer Teile auf das mutmaßlich zu erreichende Ziel in der Seele. Sokrates' allgemeine Beschreibung der rhetorischen Kunst ging jedoch in die Traditon als eine allgemein feststehende Form ein, die auf jede Kunst ausgedehnt werden konnte: Der Lehrer muß ein Verständnis für die Gegenstände haben, mit der sich die Kunst befaßt, und er muß in der Lage sein, ihre Teile im Hinblick auf das zu erreichende Ziel zu analysieren und zu bewerten.

Aristoteles entwickelte die Idee einer systematischen Behandlung der Argumentations- und Diskussionskunst weiter zu einer Angelegenheit, die einen rationalen Weg — ein vernunftgemäßes Verfahren — bereitstellt, um zu klaren Schlüssen zu gelangen. Die Beziehung zwischen der Vernunft und der "Art und Weise" oder "Methode" ähnelte jedoch der ursprünglichen sokratischen Version. Ob die Vernunft auf die Redekunst, auf andere Künste oder, etwas weiter eingegrenzt, auf die Wahrheitssuche angewandt wurde, so war sie doch immer eng mit der Methode verbunden. Die Methode war eine vernünftige Art und Weise, einer Betätigung nachzugehen; und man ging davon aus, daß ein Verständnis dieser inneren Vernunft mit Hilfe methodischen Vorgehens gelehrt werden könne. Im Gegensatz dazu wurde die Methode im System des Descartes weniger zu einem vernunftgemäßen Verfahren — zu einem Pfad, der mittels Vernunft beschritten werden müsse, sondern vielmehr zu einer Art der Beweisführung und damit zu einer exakt geordneten Art und Weise abstrakten Denkens. Die rechte Ordnung des Denkens konnte dabei nicht von den variablen Gegenständen und Zielen der in Rede stehenden Betätigungen her bestimmt werden, sondern von den natürlichen Aktivitäten der Vernunft her. Oberflächlich betrachtet unterscheiden sich Descartes' eigentliche Definitionen von Methode nicht sehr von früheren Ideen zum Methodenproblem. In seinem Werk *Regeln zur Ausrichtung der Erkenntniskraft* versteht er unter der Methode "gewisse einfache Regeln, damit, wenn man sie genau beachtet, niemals etwas Falsches als wahr angenommen werden kann und geistige Bemühungen daher niemals vergebens verschwendet werden, sondern daß sich die Erkenntnis langsam mehre und man so zu einem wahren Verständnis all derjenigen Dinge fortschreite, die ihre Kräfte nicht übersteigen".[4] Wenn wir sehen wollen, was wirklich wichtig und bezeichnend für die Methode des Descartes ist, müssen wir sie im Zusammenhang mit der methaphysischen Doktrin betrachten, für die er nur zu bekannt ist — der radikalen Trennung zwischen Leib und Seele. Wir müssen sie außerdem im Kontext seiner unmittelbaren Vorläufer in der Entwicklung der Ideengeschichte der Methode sehen.

Die Methode ist nach Descartes einheitlich und führt unabhängig von den Gegenständen, auf die sie angewandt wird, zur Wahrheit. Er kritisierte seine von Aristoteles beeinflußten scholastischen Vorläufer wegen der Annahme, daß die Exaktheit der Mathematik in anderen Wissenschaften unerreichbar sei, und daß die Methode einer jeden Wissenschaft entsprechend der zu untersuchenden Gegenstände variieren solle. In seinen Augen konnte eine einzige und identische Methode auf all die zahlreichen, unterschiedlichen Wissenschaften angewandt werden, denn die Wissenschaften waren insgesamt nichts anderes als die Einheit der menschlichen Vernunft selbst. Dieses Bild der Einheit der Wissenschaften als Spiegelbild der Vernunft erwuchs unmittelbar aus der radikalen Trennung von Körper und Geist bei Descartes. Wenn es um den Leib geht, hemmt die Ausformung einer Gewohnheit die Bildung einer anderen. Eine Hand, die sich an landwirtschaftliches Arbeiten gewöhnt, wird vermutlich im Harfenspiel kein großes Geschick an den Tag legen. Die Wissenschaften aber sind ausschließlich mit dem kognitiven Gebrauch der Vernunft befaßt. Die traditionelle Konzeption einer Methodenvielfalt für die verschiedenen Gegenstandsbereiche beruht also auf einer fehlerhaften Angleichung geistiger und körperlicher Aktivitäten. Die Wissenschaften haben keinen Anteil an der unvermeidbaren Vielfalt der handwerklichen Künste. Wenn man eine Wahrheit kennt, so folgt daraus nicht die einschränkende Wirkung, die sich aus der Beherrschung einer handwerklichen Kunst ergibt; sie hilft uns vielmehr, weitere Wahrheiten zu entdecken. In ihrer Gesamtheit sind daher die Wissenschaften identisch mit menschlicher Weisheit, die immer ein und dieselbe bleibt, unabhängig davon, wie sie auf verschiedene Gegenstandsbereiche angewandt wird.[5]

Diese Konzeption steht in scharfem Gegensatz zu der von Descartes kritisierten Beliebigkeit der vorherrschenden scholastischen Studienplaneinteilung. Dieses Interesse war nicht neu. Schon die humanistischen Vorgänger des Descartes waren über die willkürlichen Darstellungsmethoden der traditionellen Disziplinen unzufrieden, die ihrer Meinung nach unnötige Schwierigkeiten für die Studenten schufen. Im sechzehnten Jahrhundert hatte Peter Ramus "eine einfache Methode“ ersonnen, um ein System in die an den Universitäten gelehrten Wissenschaften zu bringen. Ramus' Methode ging von den universalen und allgemeinen Prinzipien aus und führte hin zu den spezielleren und singulären. Diese Ordnung spiegelte in seinen Augen die verschiedenen Grade an Klarheit innerhalb einer wissenschaftlichen Disziplin wider. Das Klarere rangierte vor dem Unklareren und folgte darin der Ordnung und Staffelung vom Allgemeinen zum Besonderen. Aristoteles hatte zwischen dem, was der Natur vorausgeht, und dem, was uns vorausgeht, unterschieden. Ramus' Ideal war eine richtige Ordnung und Reihenfolge des Denkens, die die in der Natur verankerte Priorität des Allgemeinen über das Besondere widerspiegelt. Aber es bestand keine wirkliche Berechtigung für seine Überzeugung, daß die Prioritäten des Seins für die Studenten klarer erkennbar sein müßten.[6]

Für Descartes gründete die richtige Ordnung des Denkens auf einem Verständnis der Natur des menschlichen Geistes. Die Entsprechung zwischen den Grundstrukturen des menschlichen Denkens und der Weltordnung ist, seiner Argumentation zufolge, durch Gott gewährleistet. Das Auffinden und Nachvollziehen der grundlegenden Vorgänge im menschlichen Geist war für ihn nicht nur Voraussetzung für müheloses Lernen. Seine Organisation von Inhalten in Übereinstimmung mit den Elementen, die einem aufmerksamen Verstand besser einleuchten, war nicht einfach ein pädagogischer Kunstgriff. Klarheit und Deutlichkeit waren die Merkmale der Wahrheit. Seine Methode sollte jene Grundideen aufdecken, deren Wahrheit durch die Tatsache abgesichert ist, daß ein wahrhaftiger Gott sowohl den menschlichen Geist als auch die stoffliche Welt geschaffen hatte. Die Methode war nicht auf den Bereich der Pädagogik beschränkt; sie war allgemein mit Wahrheitskriterien verknüpft.

Die Bedeutung dieses Zugangs kann als Fortentwicklung der Politik der Gelehrsamkeit nicht hoch genug eingeschätzt werden. Frühere Reformen von Erziehungsverfahren in der Renaissance standen häufig in Konflikt mit jenen, die es für weniger wichtig hielten, den "natürlichen" Denkprozessen nachzuspüren, als vielmehr anerkannten Methoden der strengen Demonstration und Beweisführung zu folgen, so schwer diese auch für Studenten verständlich waren. Die kartesische

Methode unterhöhlte diesen Konflikt. Das Ziel seiner Methode ging nämlich über die Weitervermittlung einer bereits etablierten Kunst oder die erfolgreiche Teilnahme an einer Studienrichtung hinaus; sie zielte auf begründete, gültige Erkenntnis ab. Wie er immer wieder betonte, sollte die Methode nicht als Mittel zur Überredung, und damit als der rhetorischen Kunst zugehörig, angesehen werden. Sie gehörte vielmehr in den Bereich der Entdeckung neuer Wahrheiten. Solche Entdeckungen wurden aber gerade dadurch gesichert, daß man sich darauf einließ, den natürlichen Denkprozessen zu folgen. Gleichzeitig versetzte die Einbindung dieser einheitlichen Methode in die Einheit der Vernunft selbst, die mittels Selbstprüfung zugänglich wird, Descartes in die Lage, das Problem der Methode völlig vom Bereich der öffentlichen Pädagogik und des öffentlichen Redestreites abzutrennen.

Die Folgen, die sich für die Methode aus der Ablösung ihrer Verbindungen mit öffentlichen Diskursverfahren, mit Disputen und erfolgreicher Argumentationsführung ergaben, erwiesen sich als weitreichend. Die richtige Ordnung der Ideen war nun nicht länger mit dem besten Arrangement der schulischen Lehrpläne verknüpft, sondern mit dem abstrakten Denken des Einzelnen, das ganz und gar unabhängig von den öffentlichen Erziehungsstrukturen und pädagogischen Verfahren betrieben werden konnte. Die Redekunst wurde als eine Angelegenheit angesehen, die für einen aufmerksamen Geist klar und offensichtlich erkennbar — und damit Merkmal der Wahrheit selbst — ist. Beweisführungen nach dieser neuen Methode erfordern keine Übereinstimmung mit den subtilen Argumentationsformen, die bei den öffentlichen Disputationen der Schulen als verbindlich angenommen werden. Die Betonung liegt ganz und gar auf der freien Betätigung einer nicht weiter unterstützten Vernunft. Für Descartes stellte die Methode einfach eine Systematisierung des angeborenen Vermögens zur Vernunft dar — die Fähigkeit, ”ein gutes Urteil zu bilden und das Wahre vom

Falschen zu unterscheiden". Und dieses natürliche Licht der Vernunft sei vermutlich in allen Menschen gleich.[7]

In seiner Methode eröffnete sich nach Descartes der Weg zu einer neuen Gleichheit aller in der Erkenntnis. In einem Brief, den er kurz nach der Veröffentlichung seines Werkes *Von der Methode* verfaßte, kommentierte er, daß ihm seine Gedanken zur Methode so wesentlich erschienen, daß er sie in einem Buch zusammenhängend dargestellt habe, womit er den Wunsch verband, daß "sogar Frauen" etwas verstehen möchten.[8] Aus unserer heutigen Perspektive erscheint dieser Ton vielleicht herablassend, die Bemerkung ist aber auf dem Hintergrund von Assoziationen zwischen früheren Versionen von Methode in der Renaissance und pädagogischen Verfahren verständlich. Im großen und ganzen erhielten nur Knaben eine systematische, formale Erziehung außer Hause. Der Ausschluß der Frauen aus den Schulen, in denen methodisches Denken geschult wurde, versperrte ihnen folglich auch den Zugang zur Methode. Dagegen erwies sich Descartes als Verfechter des Gleichheitsgedankens, und dies bestätigte sich auch in seinem Beharren darauf, sein Buch *Von der Methode* in seiner Landessprache und nicht auf Lateinisch, der an den Schulen üblichen Gelehrtensprache, abzufassen. Wie er betonte, sollte sich sein Werk an jene wenden, die sich nur ihrer natürlichen Vernunft in seiner ursprünglichen Reinheit bedienten.[9] Seine Absicht war dabei politischer und praktischer Natur. Der Gebrauch der lateinischen Sprache war in vielerlei Hinsicht das charakteristische Merkmal der Gelehrten. Da die Frauen hauptsächlich zu Hause erzogen wurden, hatten sie keinen Zugang zur lateinisch sprechenden Welt der Gelehrsamkeit. Aufgrund der Tatsache, daß nur Knaben die lateinische Sprache erlernten, wurde auch die Grenze zwischen der privaten Sphäre der Familie, in der die Landessprache gesprochen wurde, und der Außenwelt der Gelehrsamkeit abgesteckt, zu der die Männer Zutritt hatten.[10] Die Zugänglichkeit der neuen Methode für

Frauen stellte daher ein mächtiges Symbol der Transformation dar, die sich in der Beziehung zwischen der Methode und dem autonomen, individuellen Denken vollzog.

Anstelle der methodischen Subtilitäten der scholastischen Disputationskunst, die nach Descartes die natürliche Klarheit des Geistes nur trüben können, bot Descartes einige vergleichsweise einfache Verfahren an, deren Grundprinzip die Beseitigung aller Hindernisse einer natürlichen Betätigung des Geistes war. Die allgemeine Intention der Methode bestand in der Zerlegung der komplexeren Denkoperationen in ihre einfachsten Formen und in ihrer Neuzusammensetzung in einer geordneten Reihenfolge. Das Komplexe und Undurchschaubare wird auf einfache, offensichtliche "Intuitionen" zurückgeführt, die der Verstand mit "unverwandt festem, geistigem Blick" genau prüft und dann zu geordneten Deduktionsketten kombiniert.[11] Wer dieser Methode folgt, kann sicher sein, daß "ihm gar keiner (der Wege zur Erkenntnis der Wahrheit; Anm. d. Übers.) eher verschlossen ist als anderen und daß er fernerhin nichts mehr aus Mangel an natürlicher Erkenntniskraft oder erworbenem Können nicht wissen wird."[12]

Mit ihrer neuartigen Betonung der Privatheit der natürlichen Denkoperationen des menschlichen Geistes versprach die kartesische Methode, Erkenntnis allen — und daher auch den Frauen — zugänglich zu machen. Das war seine Absicht. Der nachhaltige Einfluß seiner Methode ergab sich jedoch aus einem ganz anderen Aspekt, der aber ebenso ein Ergebnis seiner radikalen Trennung von Körper und Geist war. Im Zusammenhang mit den bereits existierenden Assoziationen zwischen Geschlecht und Vernunft erzeugte seine Version von Methode eine starke Polarisierung der bereits zuvor bestehenden Gegensätze. Diese ergaben sich nicht aus einer intellektuellen Wende innerhalb seines Systems, sondern als Nebenprodukt seiner Transformation der Beziehungen zwischen der Vernunft und ihren Gegenspielern. Descartes wies die von seinen mittelalterlichen Vorläufern vertretene Idee einer gespaltenen Seele scharf zurück, in der die Vernunft als wesentliches Charaktermerkmal eines menschlichen Wesens geringere Teile der Seele bekämpfte. Für ihn war die Seele nicht in höherwertige (intellektuelle) und minderwertige (empfindende) Teile zu zerlegen; sie bildete eine untrennbare Einheit, die dem reinen Intellekt entsprach. Er ersetzte die von den mittelalterlichen Philosophen durchgeführte Spaltung zwischen höheren und minderen Teilen der Seele durch seinen Leib-Seele-Dualismus. In dieser eingeschränkten Hinsicht gab das kartesische System das Denken des frühen Platon wieder. Anstelle der früheren Spaltungen innerhalb der Seele führte er eine Trennung zwischen der Seele, die nun wieder mit dem Verstand gleichgesetzt wurde, und dem Körper ein; das Nicht-Rationale blieb nicht länger Bestandteil der Seele, sondern wurde ganz und gar dem Leib zugeordnet.

> "Es gibt aber in uns nur eine Seele, und diese Seele hat in sich keinerlei Verschiedenheit der Teile: diejenige, die sensitiv ist, ist auch vernünftig, und alle ihre Bedürfnisse sind gewollte. Der Irrtum, den man gegangen hat, indem man in ihr verschiedene Charaktere auftreten ließ, die gewöhnlich einander entgegengesetzt sind, kam lediglich daher, daß man ihre Funktionen nicht richtig von denen des Körpers unterschieden hat. Diesem allein kann man alles zuschreiben, von dem man feststellen kann, daß es unserer Vernunft widerstreitet."[13]

Das Herrschaftsdrama, das sich zwischen verschiedenen menschlichen Charaktermerkmalen abspielte, blieb in der kartesischen Philosophie bestehen, aber es geriet ihm zur Aufführung eines Kampfes zwischen der Seele selbst in ihrer Gleichsetzung mit dem reinen Intellekt einerseits und dem Leib andererseits. Die Übergriffe der emotionalen Leidenschaft erwuchsen seiner Meinung nach nicht aus minderwertigen Teilen oder Aspekten der Seele, sondern kamen von außerhalb — als schädliche Einwirkungen seitens des Körpers. Die kartesische Methode basiert auf dieser Gleichsetzung zwischen dem Körperlichen und dem Nicht-Rationalen. Sie umfaßt auch die Ausbildung der Gewohnheit, verstandesmäßige von körperlichen Angelegenheiten zu trennen. Und diese Suche nach dem rein Intellektuellen — dem Klaren und Deutlichen — ermöglichte Polarisierungen von bereits früher bestehenden Gegensätzen, die schon lange vorher innerhalb der Seele angenommen worden waren. Jene Aspekte der menschlichen Natur, die von der Vernunft beherrscht werden müssen, waren vorher nicht so scharf gegen das Intellektuelle abgesetzt worden. Die Unterscheidung zwischen der Vernunft und ihren Gegenspielern konnte nun mit der sehr scharfen kartesischen Trennung zwischen Leib und Seele, von der Descartes sagte, keine könne schärfer sein, zusammenfallen.

Descartes' Gleichsetzung der Dichotomie zwischen Vernunft und Nicht-Vernunft mit der Trennung von Leib und Seele brachte den Begriff einer bezeichnenden Art rationalen Denkens als einer eng eingegrenzten Tätigkeit mit sich. Augustinus hatte die Beschäftigung des menschlichen Geistes mit praktischen Angelegenheiten als Ablenkung einer einheitlichen Vernunft von ihrer höheren kontemplativen Funktion dargestellt. Diese Ablenkung barg die Gefahr einer Verwicklung mit den Sinnen, aber sie war von ihrer Anlage her nicht verschieden von der Vernunft, die das kontemplative Denken kennzeichnete. Descartes vollzog eine weit schärfere Trennung zwischen dem Denken, das zur Gewißheit führt, und den praktischen Lebensangelegenheiten. Das Denken war für ihn eine sehr geläuterte Anwendung des Intellekts, ein völliges Transzendieren des Sinnlichen, und dazu eine höchst mühselige Betätigung, für die nur ein kleiner Teil eines normalen Lebens in Anspruch genommen werden kann. In seinem Werk *Von der*

Methode betonte er die Gegensätze zwischen den Erfordernissen bei der Erforschung von Wahrheit und den Einstellungen, die für die praktischen Tätigkeiten des Lebens angemessen sind. Die Suche nach Wahrheit erfordert, daß der Geist die metaphysische Wahrheit seines Getrenntseins vom Körper rigoros durchführt. Diese Sicherung der Grundlagen der Erkenntnis ist eine Betätigung, die völlig von den entspannteren Bestrebungen des alltäglichen Lebens abgetrennt ist, wo der Geist seine Vermischung mit dem Körperlichen hinnehmen muß. Der kartesische Leib-Seele-Dualismus ergab ein Bild des einheitlichen, reinen Denkens, das wie das Licht der Sonne über einer Vielzahl von Gegenständen steht.

Die Einheitlichkeit des Denkens diente jedoch auch dazu, es vom übrigen Leben abzutrennen. Reines, geläutertes Denken sichert die Grundlagen der Wissenschaft ab. Wissenschaftliche Betätigung setzt jedoch in erheblichem Ausmaß den Gebrauch der Phantasie voraus; obwohl die wissenschaftliche Forschung von unentwegter Bemühung und immerwährendem Training gekennzeichnet ist, nimmt sie eine Zwischenstellung zwischen dem reinen Intellekt und der Verwirrung der Sinne ein. Das übrige Leben ist zu recht dem Schwanken der Empfindungen preisgegeben, dieser benebelten Zone verwirrter Wahrnehmung, wo Leib und Seele ineinandergreifen. In seiner Korrespondenz mit Prinzessin Elizabeth betonte Descartes erneut, daß das klare und deutliche Denken dergestalt, daß es die Grundlagen der Wissenschaft sichert, nur einen geringen Anteil an einem guten Leben ausmachen könne und solle. Wenn wir seine autobiographischen Bemerkungen ihr gegenüber ernst nehmen können, ist das reine Denken in seinem Leben etwas, dem er sich selbst nur wenige Stunden im ganzen Jahr widmet.[14] Mit Hilfe des reinen Intellektes, der die Einwirkungen des Leibes überwindet, erfassen wir die Getrenntheit von Körper und Geist, auf die wahre Wissenschaft sich gründet. Der größere Teil des Lebens eines kartesischen Ichs wird im

Bereich des sinnenverwirrten Bewußtseins gelebt. Das Ich wird dabei jedoch von der metaphysischen Wahrheit der absoluten Trennung von Leib und Seele unterstützt, die das reine Denken erfassen kann; ebenso wird es von der Möglichkeit einer umfassenden Wissenschaft unterstützt, die auf dieser Wahrheit begründet ist. Der Verwirrtheit der menschlichen Sinne liegt ein kristallklares Reich der Ordnung zugrunde, in dem genau artikulierte Denkstrukturen vollendet zur Struktur der intelligiblen Wirklichkeit passen. Diese klaren, einander zugeordneten Strukturen von Geist und Stoff liegen dem verwirrten Reich des Sinnlichen zugrunde, das durch die Vermischung beider erzeugt wird. Der Geist des Einzelnen kann in der Gewißheit rasten, daß eine zugrundeliegende Ordnung des Denkens existiert, die eine sichere Untermauerung für solche Leben bietet, die vornehmlich im Reich des Sinnlichen gelebt werden; die Verwirrungen der Sinne und der Phantasie bergen daher keine elementare Bedrohung.

Wenn das Erfassen der metaphysischen Grundlage der kartesischen Methode auch mühselig erscheinen mag, die Methode selbst ist immerhin allen zugänglich. Und innerhalb der Terminologie des Systems gibt es keine Unterscheidung zwischen männlichem und weiblichem Verstand. Beide müssen als gleichwertige, intellektuelle, vernunftbegabte Substanzen angesehen werden. Der Unterschied bei der intellektuellen Leistungsbereitschaft von Mann und Frau erwächst ebenso wie Leistungsunterschiede zwischen verschiedenen Männern nicht daraus, daß einige vernünftiger sind als andere, sondern "allein aus der Tatsache, daß unsere Gedanken verschiedene Kanäle passieren und dieselben Gegenstände nicht von allen bedacht werden".[15] Aber die Abtrennung der Methode von den Einschränkungen der öffentlichen Pädagogik führte nicht dazu, daß Erkenntnis für die Frauen in der Praxis leichter zugänglich wurde. Vielleicht ist die kartesische Methode von ihrer Konzeption her privat und allen zugänglich. Aber für Descartes wie für Bacon war die neue Wissenschaft nichtsdestoweniger ein kollektives Bemühen. Nur durch die "Vereinigung des Lebens und der Arbeit vieler" wird die Wissenschaft fortschreiten, stellt Descartes im letzten Abschnitt seines Werkes *Von der Methode* fest.[16] Wenn sich auch die letzte metaphysische Grundlage vom Leiblichen völlig absetzt, so ist ein Fortschritt der Wissenschaft doch nur durch vereinte Anspannung möglich, um den Menschen das versprochene Ziel zu sichern, "Herren und Besitzer der Natur" zu werden.[17] Descartes dachte, daß diese Darstellung des menschlichen Geistes den Weg zu einer neuen Gleichheit im Streben nach Erkenntnis eröffne. Aber die Kanäle, durch die jene grundsätzlich gleichen Quellen der Vernunft geleitet wurden, blieben weiterhin, sogar für adelige Frauen, gewundener als für Männer. In einem ihrer Briefe an Descartes drückt Elizabeth die Situation mit beißendem Sarkasmus aus:

> *"La vie que je suis contrainte de mener, ne me laisse la disposition d'assez de temps pour acquérir une habitude de méditation selon vos règles. Tantôt les intérêts de ma Maison, que je ne dois négliger, tantôt des entretiens et complaisance, que je ne peux éviter, m'abattent si fort ce faible esprit de fâcherie ou d'ennui, qu'il se rend, pour longtemps après, inutile à toute autre chose."*[18]

Die Realitäten des weiblichen Lebens schlossen die Frauen trotz ihrer vermeintlichen Gleichheit der Vernunft aus jeder bedeutsamen Teilnahme an dem kollektiven Bemühen der Wissenschaft aus, deren rapide Entwicklung dazu führte, daß die individuelle Vorgehensweise bei Descartes' Methode schnell überholt war.

Nicht nur die Unvereinbarkeit mit der gesellschaftlichen Wirklichkeit wirkte der Gleichheit der Geschlechter in dieser neuen Version der Beziehungen zwischen Vernunft und Wissenschaft entgegen. Es gibt darüber hinaus Aspekte im kartesischen Denken, die — wenn auch nicht mit Absicht — die Grundlage für eine Geschlechtertrennung bei der geistigen Arbeit bildete, deren Einfluß bis in unsere Tage fortdauert. Descartes' Betonung der Gleichheit der Vernunft war weniger einflußreich als sein konstitutiver Beitrag zum Ideal einer charakteristischen Form der Vernunft — einer höchst abstrakten Art des Denkens — die prinzipiell von den emotionalen Vielschichtigkeiten und praktischen Erfordernissen des gewöhnlichen Lebens abgetrennt wurde. Es handelte sich hier nicht um die einzige Form des Denkens, die Descartes als rational anerkannte. In der Sechsten Meditation räumte er ein, daß die minderwertigen Sinne, sofern sie von der Wahrheitssuche ausgeschlossen werden — wo sie nur fehlleiten und entstellen könnten — zuverlässige Führer unseres Wohllebens seien. Er behauptet nicht, daß wir nur dann vernünftig handelten, wenn wir die mühsame Arbeit des reinen Denkens verrichteten und mit intellektuellen Betrachtungen sowie der Zusammenstellung von Deduktionsketten beschäftigt seien. In der Tat hält er es nicht für vernünftig, übermäßig viel Zeit mit einer solch rein intellektuellen Betätigung zu verbringen.[19] Dennoch ging die Vernunft in der kartesischen Philosophie besondere Verbindungen zum einem mit dem Bereich des reinen Denkens ein, das die Grundlagen der Wissenschaft bereitstellt, und zum anderen mit den deduktiven Schlußfolgerungen, die für seine Theorie von wesentlicher Bedeutung waren. Und die Schärfe seiner Trennung zwischen den elementaren Erfordernissen der Wahrheitssuche und der praktischen Angelegenheiten des alltäglichen Lebens verstärkte bereits bestehende Unterscheidungen in der Rolle des Mannes und der Frau, indem sie den Weg zur Idee eines unterschiedlichen Bewußtseins bei Mann und Frau eröffnete.

Wir verdanken Descartes eine einflußreiche, allgegenwärtige Theorie des Geistes, die einer starken Version der Geschlechtertrennung im Bereich der geistigen Arbeit Vorschub leistet. Den Frauen wurde die Verantwortung für das Reich des Sinnlichen zugewiesen, das der kartesische Vernunftmann überwinden muß, wenn er zur Erkenntnis der Dinge gelangen will. Er muß sich bei seiner wissenschaftlichen Betätigung hin zum Gebrauch einer disziplinierten Phantasie und zur Strenge des reinen Intellektes entwickeln, wenn er die letzten Grundlagen der Wissenschaft erfassen will. Die Aufgabe der Frau besteht in der Bewahrung der Sphäre, in der sich Leib und Seele vermischen, und in die sich der Mann begibt, um Trost, Wärme und Entspannung zu erfahren. Wenn er sich dagegen der höchsten Form der Vernunft widmen will, muß er den Bereich der zarten Gefühle und der Sinnlichkeit hinter sich zurücklassen; er kann sich darauf verlassen, daß die Frauen diesen Bereich für ihn in Ordnung halten. Für die Frau ergab sich so die Perspektive, daß sie nicht mit einem geringeren Anteil an der Vernunft, sondern mit einem anders gearteten intellektuellen Charakter in Verbindung gebracht wurde, der die "männliche" Vernunft ergänzte. Diese entscheidende Entwicklung erwächst aus der Betonung der Annahme, daß Frauen von einer Vernunft ausgeschlossen wurden, die nun in ihrer höchsten Form als eine Errungenschaft des Geistes angesehen wurde.

Hume: Vernunft und Leidenschaft

Die kartesische Methode transformierte die Vernunft in eine konstante, nicht weiter differenzierte Fähigkeit zur Abstraktion von irgendwelchen bestimmten Inhalten. Dieser Mangel an Differenziertheit zog eine weitere folgenschwere Veränderung nach sich: Die Vernunft verlor ihre stark motivierende Kraft, über die sie in früherem Denken verfügte. In der Ermangelung einer inneren Ausrichtung auf bestimmte Ziele wurde die kartesische Vernunft zu einem schwerfälligen Instrument, das seine Richtung erst durch einen äußeren Willen erhielt. Für diesen umfaßte Verstehen noch nicht einmal die Fähigkeit zur Bejahung oder Verneinung, und die Vernunft wurde ebenfalls ihrer Fähigkeit zum direkten Kampf gegen nicht-rationale Kräfte beraubt, indem sie als extremer Gegensatz zu den emotional bestimmten, körperlichen Leidenschaften aufgefaßt wurde. Im Gegensatz dazu wurde Platons Vernunft im Sinne einer Anspannung eigener Kräfte mit dem Ziel der Wahrheitsfindung dargestellt. Im Modell der "gespaltenen Seele" erwog nämlich die Vernunft verschiedene Ziele, fällte eine Entscheidung unter ihnen und führte Kämpfe gegen die Leidenschaften, um festzulegen, welches Ziel die Oberhand gewinnen könne. Trotz seiner Ablehnung des Modells der gespaltenen Seele stellte Aristoteles die Vernunft ebenfalls als ein Instrument dar, das aus eigenem Antrieb den emotionalen Teil der menschlichen Natur zu kontrollieren und zu bändigen in der Lage war.

Für Descartes sicherten die Ursprünge der Vernunft dieser eine Verbindung zur Wahrheit und zum guten Leben, wenn diese Verbindung auch von einem von außen gewährten göttlichen Wohlwollen abhing. Aber wenn die theologischen Ansichten, die seine Theorie stützen, zurückgewiesen werden, wird die Schwäche dieses abstrakten, methodischen Denkens offensichtlich. Spinoza wandte sich gegen die Unterscheidung zwischen Willen und Verstehen und bildete die Vernunft zu einer aktiven, emotionalen Kraft um, die wie die früheren griechischen Versionen der Vernunft in der Lage war, sich aus eigenem Antrieb auf die Leidenschaften einzulassen. Die kartesische Version der Vernunft gewann jedoch die Oberhand, und ihre inhärente Schwerfälligkeit und Schwäche kam in Humes Interpretation vollends zum Vorschein. Für Hume verfügt die Vernunft aus sich selbst heraus nicht über die Macht zur Kontrolle der Leidenschaften oder zum Abwägen von Zielen. Ihre motivierende Kraft liegt immer außerhalb ihrer selbst in der treibenden Kraft der Leidenschaft. Im Schutze verschiedener Leidenschaften ist sie auf die unterschiedlichsten Ziel ausgerichtet. Die Vernunft hat aus sich selbst heraus nicht die Fähigkeit, eigene Ziele abzustecken oder zwischen ihnen zu wählen; auch fehlt ihr völlig die affektive Kraft, die zur Auseinandersetzung mit den Leidenschaften erforderlich ist. Sie "ist nichts als Sklave der Leidenschaften und taugt zu keinem anderen Amte, als ihnen zu dienen und zu gehorchen".[20]

Welche Konsequenzen ergeben sich aus dieser Umkehrung für die Unterscheidung zwischen Mann und Frau? Zu erwarten steht eine Lockerung der Gleichsetzung von Männlichkeit und Vernunft, tatsächlich findet jedoch eine subtile Verstärkung des älteren Musters statt. Um die Ursachen dieser Entwicklung zu verstehen, müssen wir Humes Neustrukturierung der Unterscheidung zwischen Vernunft und Leidenschaft und ihre Auswirkungen auf Kants Behandlung der Rolle der Vernunft in der Moralität näher betrachten.

Das Bild, das die Rationalisten des siebzehnten Jahrhunderts von der Rolle der Vernunft für die Erkenntnis und, allgemeiner, für das menschliche Leben geprägt hatten, wurde von Hume auf den Kopf gestellt. Für ihn werden all unsere Annahmen über die Welt und all unsere Erkenntnis von Tatsachen auf die Erwartung von Stabilität, Vorhersagbarkeit und Konstantheit zurückgeführt, die aus den gewohnheitsmäßigen Assoziationen im menschlichen Geiste erwachsen. Die Vernunft spielt bei alledem keine Rolle; der Glaube ist eher eine Funktion unserer empfindenden als unserer erkennenden Natur. Die Vernunft kann Ideen in notwendigen Deduktionsketten vereinigen; diese können aber nicht zu einem Verständnis des wahren Wesens der Dinge führen. Die Vernunft ermöglicht Erkenntnis in streng eingegrenzten Bereichen des Denkens, also etwa in der Logik und Mathematik, wo es ausschließlich um die Erfassung ganz und gar formaler Beziehungen zwischen Ideen geht; die Erkenntnis von Tatsachen liegt jedoch nicht im Wirkungsbereich der Vernunft, sondern der Vorstellung. Der Verstand, der uns die Welt ausliefert, wird auf "die allgemeinen und etablierten Eigenschaften der Vorstellung" im Gegensatz zu den "trivialen Vermutungen der Einbildung" zurückgeführt.[21] Seine Zuverlässigkeit beruht ganz auf der Gewalt unserer "starken Neigungen", unter der Macht der Gewohnheit, die Dinge in einer gewissen Weise zu betrachten. Für Descartes bestimmte die Zugehörigkeit zur Vernunft, was als "natürlich" oder nicht anzusehen war; für Hume galt das Gegenteil: Die Vernunft muß auf unseren natürlichen Neigungen beruhen und sich ihnen anpassen. "Wo die Vernunft lebhaft ist und sich mit Neigung mischt, sollte man ihr beipflichten. Wo dies nicht geschieht, hat sie nie eine Berechtigung, uns zu leiten."[22] Diese starken Neigungen sind der Prüfstein der Vertrauenswürdigkeit im menschlichen Denken; sie stellen den motivierenden Antrieb für eine Vernunft dar, die für sich völlig unbeweglich ist.

Ein neues und auf den ersten Blick beunruhigendes Bild tritt im Zusammenhang mit der Rolle der Vernunft in der Sittlichkeit zutage. Die Vernunft kann zwar noch Verbindungen zwischen Dingen aufdecken, aber sie spielt keine Rolle dabei, wie diese Dinge auf uns einwirken. Aus sich selbst heraus kann sie niemals "irgendeine Handlung erzeugen oder Anlaß zur Anspannung der Willenskraft bieten". Ebensowenig kann sie Willenskraft verhindern oder ihre Vorzüge mit einer beliebigen Leidenschaft oder Emotion erörtern.[23] Die vermeintliche Überlegenheit der Vernunft über die Leidenschaft basiert auf einem Mißverständnis; das Prinzip, das unsere Leidenschaften bekämpft, wird nur in einem uneigentlichen Sinne Vernunft genannt. Humes Argument über diese Schlußfolgerung ist nicht ganz überzeugend. Er zeigt auf, daß Leidenschaften weder Zustimmung noch Ablehnung im Zusammenhang mit Ideen oder Tatsachen erfahren können, und sie können aus diesem Grunde auch niemals wahr oder falsch genannt werden — eine Voraussetzung dafür, daß sie sich im Konflikt mit der Vernunft befinden. Von Bedeutung ist hier nicht Humes Rechtfertigung seiner Theorie, sondern ihre Tragweite für sein Verständnis von Moral.

> "Wo eine Leidenschaft weder auf falschen Voraussetzungen basiert, noch Mittel auswählt, die den Zielen nicht angemessen sind, kann das Verstehen sie weder rechtfertigen noch verdammen. Wenn ich die Zerstörung der ganzen Welt einer Schramme an meinem Finger vorziehe, so spricht das nicht gegen die Vernunft. Wenn ich meinen völligen Ruin wähle, um auch nur das geringste Unbehagen eines Inders oder einer mir völlig unbekannten Person zu verhindern, so spricht dies nicht gegen die Vernunft. Ebensowenig spricht es gegen die Vernunft, wenn ich meine eigenen schlechteren Bekenntnisse meinen besseren vorziehe und ihnen hitzigere Zuneigung zolle als den letzteren."[24]

Humes Absicht besteht hier nicht darin, daß eine dieser Haltungen als akzeptabel für vernünftig denkende Menschen angesehen werden sollte, sondern eher darin, daß ihr Sosein oder ihr Anderssein in keiner Weise Sache der Vernunft sei. Moralische Unterschiede sind nicht "Abkömmlinge der Vernunft", die vollends inaktiv ist.[25] Sie leiten sich vielmehr aus einem moralischen Bewußtsein ab, das auf Gefühlen oder Meinungen gründet. Hume räumte ein, daß die Idee der Ableitung moralischer Unterscheidungen aus Leidenschaften, deren die Vernunft völlig unfähig ist, auf Widerstand treffen würde. Aber dieser Widerstand ergab sich seiner Diagnose zufolge aus einer Verschmelzung der Vernunft mit "ruhigen Leidenschaften" — geistigen Handlungen, die der Vernunft insoweit ähneln, als sie mit derselben Ruhe und Gelassenheit agieren und wenig Emotionen im Geist wachrufen. Ruhige Leidenschaften wie Wohlwollen, Lebensfreude, Zuneigung zu Kindern oder die "allgemeine Neigung zum Guten und Abneigung gegen das Böse" beeinflussen den menschlichen Geist nicht weniger als die heftigeren Leidenschaften wie Haß, Furcht oder die Erfassung von Sachverhalten. Was wir mit "Geistesstärke" bezeichnen, impliziert den Vorrang der ruhigen über die heftigen Leidenschaften; und dieses wird, wie Hume anregt, gemeinhin Vernunft genannt. Die Vernunft bezieht sich auf Neigungen derselben Art wie die Leidenschaften, jedoch nur auf jene, "die ruhiger wirken und keine Unordnung in der Gemütsverfassung verursachen". Aber ihre vergleichsweise große Gelassenheit führt dazu, daß wir sie ausschließlich als Schlußfolgerungen unserer intellektuellen Fähigkeiten ansehen. Im allgemeinen haben die heftigen Leidenschaften stärkeren Einfluß auf den Willen. Aber oft tritt der Fall ein, daß die ruhigen Leidenschaften in der Lage sind, die heftigeren "in ihren wildesten Antrieben zu kontrollieren" wenn sie "durch Überlegung bestätigt und durch Entschlossenheit unterstützt werden". Dieser sogenannte "Kampf zwischen Leidenschaft und Vernunft" gestaltet das Leben abwechslungsreich, wie Hume abschließend feststellt, und er sorgt für "Unterschiede zwischen den Menschen aber auch in den Menschen zu verschiedenen Zeiten".[26]

Auf der Grundlage dieser allgemeinen Unterscheidung zwischen ruhigen und heftigen Leidenschaften stellt Hume die Unterscheidung zwischen Vernunft und Leidenschaft im Sinne zweier Formen von Gewinnsucht und Eigeninteresse wieder her; er argumentiert, daß die Zügelung der einen durch die andere die Grundlage der bürgerlichen Gesellschaft bildet.[27] Die primitiveren Ausprägungen der Gewinnsucht erzeugen unvermeidbare Konflikte in großen Gemeinschaften; denn die Gewinnsucht verbindet sich in destruktiver Weise mit der Befangenheit der Zuneigung, insbesondere mit der Tendenz, unseren eigenen Interessen und den unserer unmittelbaren

Angehörigen den Vorrang zu geben. Das "erste und natürlichste moralische Empfinden" steht in engem Zusammenhang mit dieser Bevorzugung unserer Freunde sowie unserer eigenen Interessen vor den Belangen Fremder. Es verbindet sich aber darüber hinaus mit der Leidenschaft der Gewinnsucht und erzeugt so unvermeidbare soziale Konflikte. Die Mittel, die zur Befriedigung der Leidenschaft der Gewinnsucht zur Verfügung stehen, sind begrenzt; und das gierige Verlangen nach Gütern und Besitztümern für uns und unsere engsten Freunde ist "unersättlich, immerwährend, allumfassend und von unmittelbar zerstörerischer Wirkung für die Gesellschaft". Daher müssen die "befangenen und widersprüchlichen Bewegungen der Leidenschaften verschiedener Einzelpersonen" zurückgedrängt werden, wenn die Gesellschaft überleben soll.

Wie alle Leidenschaften kann nach Hume auch diese nur durch eine stärkere kontrolliert werden; und die einzige Leidenschaft, die stark genug ist, sie zu regulieren und zu zügeln, ist die Gewinnsucht selbst. Sie alleine verfügt über ausreichende Macht und eine zweckmäßige Tendenz, die Gewinnlust auszugleichen und die Menschen zu fähigen Mitgliedern der Gesellschaft zu machen, indem sie sie davon zurückhält, sich am Eigentum anderer Menschen zu vergreifen. Wenn sie diese regulierende Rolle spielen soll, muß sie zunächst eine Richtungsänderung erfahren. Aber das ist nach Hume bei genauerer Überlegung leicht möglich,

> "denn es ist offensichtlich, daß die Leidenschaft weit besser durch ihre Zügelung als durch ihre Freigabe befriedigt wird, und daß wir weit größere Fortschritte bei unserem Streben nach Eigentum erzielen, wenn wir die Gesellschaft bewahren, als wenn wir uns in dem isolierten und verlassenen Zustand befinden, der auf Gewalt und völlige Freiheit folgt."[28]

Die Bewahrung der Gesellschaft beruht also auf der Kontrolle der Gewinnsucht durch eine überlegtere und weitsichtigere Variante ihrer selbst: "Ob die Leidenschaft des Eigeninteresses als lasterhaft oder tugendhaft eingeschätzt wird, sind zwei Seiten einer Sache; denn sie zügelt sich selbst: wenn sie also tugendhaft ist, so entwickeln die Menschen durch ihre Tugend Gemeinsinn; wenn sie lasterhaft ist, zeigt ihre Untugend eben diese Wirkung."

In dieser Rekonstruktion des alten Themas der Abhängigkeit der Leidenschaft von der Vernunft wird die Kontrolle, streng genommen, nicht von der Vernunft, sondern von einer ruhigen, überlegten Form der Leidenschaft ausgeübt — von einem aufgeklärten Eigeninteresse. Aber das Wirken des Rechts in der Gesellschaft, das sich daraus ergibt, kann nur in einem uneigentlichen Sinne der Vernunft zugeschrieben werden, insoweit es mit der Bewertung von Gegenständen "aus einer gewissen Entfernung" befaßt ist. Aus dieser losgelösteren Perspektive kann der Vorzug "all dem gegeben werden, was in sich vorzuziehen ist" — ein Prinzip, das oft jenen Neigungen widerspricht, die sich bei einer ersten Annäherung an den Gegenstand zeigen.[29]

Als nachdenkliche Leidenschaft bleibt die Vernunft für Hume eine schwache und verletzbare Kraft im Vergleich zu unmittelbareren Formen der Gewinnsucht. Bei einem normalen Gang der Dinge gewinnt sie nicht die Oberhand über die intensiveren Reize von naheliegenden Gegenständen. Um wirksam zu sein, muß sie in einer von außen auferlegten Autorität verkörpert sein. Das Heilmittel der Gesellschaft für destruktives Eigeninteresse hängt davon ab, daß die Langzeitbeobachtung des Rechts zum unmittelbaren Interesse bestimmter Personen erhoben wird, die die Verantwortung für die Durchführung der Rechtsprechung tragen. Wenn sich die nachdenkliche Form der Leidenschaft in einem Rechtswesen verkörpert, so "gewährleistet sie den Menschen Sicherheit gegen ihre eigenen Schwächen und Leidenschaften und die der anderen, und unter dem Schutze ihrer Statthalter beginnen sie mit Muße die Süße der Gesellschaft und gegenseitigen Beistandes zu kosten."[30] Dies ist also die Version des Verhältnisses von Vernunft und Leidenschaft, die Hume uns anbietet: Unmittelbares Eigeninteresse wird der Kontrolle einer höheren und reflektierenderen Variante ihrer selbst unterworfen. Die Vernunft in ihrem "uneigentlichen" Sinne kontrolliert die Leidenschaften — ob sie nun "ruhige" im Gegensatz zu "heftiger" Leidenschaft, "überlegtes" im Gegensatz zu "unmittelbarem" und "befangenem" Eigeninteresse genannt oder als "mittelbare" Perspektive richterlicher Beamter im Gegensatz zur Verfolgung kurzfristiger Interessen bezeichnet wird. Und diese Herrschafts- oder Kontrollbeziehung wird im Sinne einer Unterscheidung zwischen "öffentlichen" und "privaten" Interessen artikuliert. Der öffentlichen Leidenschaft der Gewinnsucht wird die Rolle der Zügelung privater Interessen bei der Erlangung von Gütern und Besitztümern zum Vorteil des Einzelnen und seiner Familie zugewiesen.

Hume verfolgt mögliche Implikationen seiner Rekonstruktion der Unterscheidung von Vernunft und Leidenschaft nicht weiter im Hinblick auf das Verhältnis von Mann und Frau. Aber das Individuum, dessen Privatinteressen mit Hilfe rechtlicher Überlegungen kontrolliert werden muß, ist natürlich notwendigerweise das männliche Familienoberhaupt. Frauen werden mit "privater" Leidenschaft assoziiert, da die männlichen Familienoberhäupter private Gewinnsucht zu ihren Gunsten an den Tag legen. Humes Version der Vernunft geht wie die von Descartes, die sie ermöglichte, Verbindungen mit der Männlichkeit ein, selbst wenn diese für ihre philosophische Theorie nicht besonders benötigt werden.

4
Vernunft und Fortschritt

Einführung

Für Bacon bildete der Fortschritt der in geeigneter Weise verbesserten Künste und Wissenschaften die Grundlage für die großartigsten Hoffnungen der Menschheit. Und trotz ihrer zahlreichen Unterschiede teilte Descartes die Ansicht Bacons über das menschliche Geschlecht, das durch den Fortschritt der Wissenschaften die Natur beherrschen und in Besitz nehmen könne. Dieser Optimismus über die zu erwartenden Früchte des enormen Wachstums an organisierter Erkenntnis fand im achtzehnten Jahrhundert dankbare Aufnahme in den Manifestationen der Aufklärung. De Condorcet stellte das Bild des Menschengeschlechtes in Kurzfassung wie folgt dar:

> "Und was für ein Schauspiel bietet dem Philosophen das Bild eines Menschengeschlechts dar, das von allen Ketten befreit, der Herrschaft des Zufalls und der Feinde des Fortschritts entronnen, sicher und tüchtig auf dem Wege der Wahrheit, der Tugend und des Glücks vorwärts schreitet ...".[1]

Solcher Frohsinn angesichts der offensichtlich unbegrenzten Aussichten der menschlichen Kontrolle der Natur wurde von Rousseau hingegen nicht geteilt. Aber seine Ablehnung der Sicht der Dinge in der Aufklärung wurde von seiner eigenen Version des Vernunftfortschrittes begleitet, die in einer ganz anderen, aber ebenso einflußreichen Weise mit der Unterscheidung zwischen Mann und Frau zusammentraf. Das zweckmäßige Verhältnis zwischen Vernunft und Natur war für Rousseaus Handhabung des Erkenntnisproblems zentral; und das bedeutete, daß die Vernunft selbst in einer neuen Weise verstanden werden mußte. Rousseaus Vernunftideal war nicht identisch mit abstrakter, wissenschaftlicher Erkenntnis, die über die Natur herrscht; vielmehr spiegelte sich die Reflektion der Natur in der moralischen Weisheit wider. Für ihn war die Vernunft eine dynamische Entwicklung aus der Natur, und nicht etwa ein Instrument externer Kontrolle. Die Vernunft erwächst aus der Natur und die Nähe zur Natur ist ein Merkmal ihrer Authentizität. In dieser Version des Vernunftfortschrittes, die von Hegel weiterentwickelt werden sollte, liegt die Natur nicht nur in der Vergangenheit als Gegenstand rückschauender Sehnsucht durch die Vernunft, sondern auch in der Zukunft als Ziel der Vollendung der Vernunft. Auf diese Weise konnte eine neue Deutung der Ambivalenz des Weiblichen in das abendländische Denken Einzug halten. Das Weibliche wurde als unausgereiftes Stadium des Bewußtseins ausgelegt, das von der fortschreitenden Vernunft überwunden wurde, aber auch als Gegenstand der Schmeichelei, als Vorbild für das Streben der Vernunft nach einer in ferner Zukunft liegenden Rückkehr zur Natur.

Rousseau: Die verlorene Jugend der Welt

Mitten im allgemeinen Optimismus der Aufklärung schlug die Stimme Rousseaus einen mißtönenden Klang an. Rousseau bewunderte die großen Denker des vorhergehenden Jahrhunderts, aber die Wucherungen und die Ausbreitung der Erkenntnis, die seine Zeitgenossen als Weg zu menschlicher Freiheit und menschlichem Glück priesen, empfand er als fragwürdigen Segen. Er griff weniger das Ideal der Aufklärung durch Gelehrsamkeit als vielmehr den vorherrschenden Optimismus über Fortschritt mittels der Verbreitung von Wissen an. Während Rousseau geniale Denker wie Bacon, Descartes und Newton bewunderte, die "die Natur dazu bestimmt hat, Schüler zu haben", vertrat er die Ansicht, daß sie nur von solchen Menschen nachgeahmt werden sollten, "welche die Kraft in sich spüren, allein auf ihren Pfaden zu wandeln und sie weiterzubringen".

Nur diese Wenigen sollten danach streben, "Monumente zum Ruhme des menschlichen Geistes" zu errichten.[2] Im Gegensatz zu Bacons Sicht des Fortschritts als ein Auskeimen der Künste und Wissenschaften sah Rousseaus Ideal der Organisation von Erkenntnis vor, daß einigen wenigen "Gelehrten ersten Ranges ein ehrenvolles Asyl" an den fürstlichen Höfen gewährt werden sollte, wo sie durch ihren Einfluß "das Glück der Völker, die sie in der Wahrheit unterrichtet haben werden", fördern könnten.[3]

Rousseaus Zweifel hinsichtlich eines Fortschrittsideals durch Verbreitung von Gelehrsamkeit wurden in derselben Bildersprache einer schwer erfaßbaren, weiblich dargestellten Natur zum Ausdruck gebracht, die auch Bacon zu eigen war; die intendierte Aussage war jedoch eine ganz andere. In Rousseaus Version verbirgt eine wohlwollende Natur ihre Geheimnisse vor den Menschen zu deren eigenem Vorteil.

> "Laßt euch endlich gesagt sein, ihr Völker, daß euch die Natur vor der Wissenschaft bewahren wollte, wie eine Mutter eine gefährliche Waffe aus den Händen ihres Kindes reißt. Die Geheimnisse, die sie euch verbirgt, sind ebenso-

viele Übel, vor denen sie euch bewahrt. Die Mühsal, die sie euch euer Wissenwollen kosten läßt, ist nicht die kleinste ihrer Wohltaten. Die Menschen sind entartet und wären es noch mehr, wenn sie das Unglück gehabt hätten, als Gelehrte auf die Welt zu kommen."[4]

Die alte Idee einer von der Vernunft überwundenen Natur wurde von Rousseau nicht verherrlicht, sondern erhielt in seinem Denken eher einen Beiklang von Nostalgie. Der Stand der Unwissenheit wird als das verlorene Paradies des natürlichen Menschen dargestellt; ein Paradies, das uns verfolgt wie ein Bild: ein "wunderschönes, allein von den Händen der Natur geschmücktes Gelände, dem man ohne Unterlaß die Augen entgegengewandt hält, und man fühlt Trauer, daß man sich davon entfernt."[5] Die Entferntheit des Menschengeschlechtes von dieser idyllischen Vergangenheit wird am Fortschritt der Vernunft weg von der Natur gemessen. In seiner spekulativen Rekonstruktion der Geschichte der Menschheit stellt Rousseau in seinem *Diskurs über den Ursprung der Ungleichheit unter den Menschen* das Erwachen der Vernunft sowohl als frühe Blüte einer kennzeichnenden menschlichen Natur wie auch als Anfang ihres Verderbens dar. In der fernen "Jugend der Welt" hatte die Fähigkeit zur Selbstverbesserung den Menschen aus dem Status des primitiven Seins herausgeführt, in dem sie sich nicht von anderen Lebewesen zu unterscheiden schienen. Diese frühe Form des typisch menschlichen Denkens war ein unschuldig Ding, es enthielt jedoch in sich Quellen unvermeidbarer Verderbtheit, und diese veranlaßte Rousseau zu dem Ausruf, daß die Reflexion als Wurzel allen Übels zu gelten habe und daß der meditierende Mensch seiner Sittlichkeit beraubt sei. Das Zwischenspiel unschuldiger Selbstliebe — als die Menschen ihre ursprüngliche Wildheit ablegten und die inzwischen errungenen Vorzüge genossen, während sie um die Eichen tanzten und dazu sangen — verkehrte sich zwangsläufig in die verderbliche Eigenliebe.[6] Die Menschen begannen, danach zu fragen, wer am besten tanzen oder singen konnte; und in der Pflege der äußeren Erscheinung, die ihrem Wesen nach Eigenliebe ist, verloren die Menschen den Kontakt mit ihrer wahren Natur. Von diesem Zeitpunkt an liest sich der Fortschritt der Vernunft in den Augen Rousseaus wie eine Krankheitsgeschichte.

Am Ende seines *Diskurses über den Ursprung der Ungleichheit unter den Menschen* besteht Rousseau darauf, daß der Tenor seiner Ausführungen nicht darauf hinauslaufe, daß das Leben in der Gesellschaft abgeschafft werden solle und wir in die Wälder zurückzukehren hätten, um mit den Bären zu leben.[7] Sehnsucht war in der Tat nur die eine Seite seiner Geschichte über die Entwicklung der Vernunft aus der Natur und ihre nachfolgenden gegenseitigen Beziehungen. Die Vernunft war auch Ursache menschlicher Erneuerung und eines einzigartigen Fortschrittes in ein neues und besseres "natürliches" Stadium. Das Auftreten von Selbsterkenntnis, mit dem die "Krankheitsgeschichte" einsetzte, war gleichzeitig die Voraussetzung für den schließlich glücklicheren Status der Menschheit, der aus der Transformation gesellschaftlicher Einrichtungen erhofft werden kann. Das Leben in der Gesellschaft ist die Ursache menschlichen Unglücks; wenn sie aber von vernünftigen Prinzipen geleitet und somit in angemessener Weise wiederhergestellt wird, so ist sie, wie Rousseau im *Gesellschaftsvertrag* feststellt, gleichzeitig Ursache für die Erhebung des Menschen in den Adelsstand:

> "Der Übergang aus dem Naturzustand in den bürgerlichen bringt in dem Menschen eine sehr bemerkbare Veränderung hervor, indem in seinem Verhalten die Gerechtigkeit an die Stelle des Instinktes tritt und sich in seinen Handlungen der sittliche Sinn zeigt, der ihnen vorher fehlte. Erst in dieser Zeit verdrängt die Stimme der Pflicht den physischen

> Antrieb und das Recht die Begierde, so daß sich der Mensch, der bis dahin lediglich auf sich selbst Rücksicht genommen hatte, gezwungen sieht, nach anderen Grundsätzen zu handeln, und seine Vernunft um Rat fragt, bevor er auf seine Neigungen hört. Obgleich er in diesem Zustand mehrere Vorteile, die ihm die Natur gewährt, aufgibt, so erhält er dafür doch so bedeutende andere Vorteile. Seine Fähigkeiten üben und entwickeln sich, seine Ideen erweitern, seine Gesinnungen veredeln, seine ganze Seele erhebt sich in solchem Grad, daß er, wenn ihn die Mißbräuche seiner neuen Lage nicht oft noch unter die, aus der er hervorgegangen, erniedrigte, unaufhörlich den glücklichen Augenblick segnen müßte, der ihn dem Naturzustand auf ewig entriß und aus einem ungesitteten und beschränkten Tier ein einsichtsvolles Wesen, einen Menschen machte."[8]

Bei seinem Versuch einer Spezifikation des angemessenen Verhältnissen zwischen Vernunft und Natur ging es Rousseau, anders als Bacon, nicht um den richtigen epistemologischen Denkrahmen für die Wissenschaft. Im Vorwort zu seinem *Diskurs über den Ursprung der Ungleichheit* zeigt er auf, daß sein Anliegen — das Verständnis des natürlichen Menschen — nicht ohne weiteres auf die Methoden wissenschaftlicher Forschung zugeschnitten werden kann. Wenn man versucht, dieselben Methoden, die die Erkenntnis in den Naturwissenschaften so sehr vorangetrieben haben, auf das Studium der menschlichen Natur anzuwenden, so entsteht zwangsläufig ein Paradoxon: Der forschende Mensch ist weit entfernt vom Menschen als Forschungsgegenstand. In seinem natürlichen Zustand kann der Mensch nur aus dem Naturzustand heraus studiert werden; und die Ausdifferenzierung seiner Methoden entfernt ihn noch weiter von dem Status, der der Gegenstand seiner Forschung sein sollte:

> ". . . da alle Fortschritte der menschlichen Gattung sie unaufhörlich von ihrem ersten Zustand entfernen, berauben wir uns um so mehr der Mittel zur Erlangung der wichtigsten von allen Kenntnissen, je mehr wir neue aufhäufen. In gewissem Sinne haben wir uns gerade durch das Studium des Menschen außerstande gesetzt, ihn zu erkennen."[9]

Die von Rousseau intendierte Wiederherstellung des Menschen im Naturzustand ist nicht wirklich ein wissenschaftliches Projekt; sein Begriff des Natürlichen fungiert eher als Mittel zur Sozialkritik denn als wissenschaftliche Untersuchung. Die Kennzeichen des natürlichen Menschen bestimmen sich durch die Auswertung zeitgenössischer Formen der gesellschaftlichen Organisation.

> "Es gibt, wie ich selbst fühle, ein Alter, in dem der einzelne Mensch gern verharren möchte. Du wirst das Alter suchen, in dem dein Geschlecht nach deinem Wunsch besser verharrt hätte."[10]

Sein Anliegen besteht in der Kritik bestehender Formen gesellschaftlicher Organisation, mit der Absicht, die Menschen zur Führung eines freien und natürlichen Lebens zu befähigen. Die Charakterideale, die sich aus Rousseaus Naturbegriff ergeben, sind im Gegensatz zu Bacon nicht als Ideale für einen guten Wissenschaftler, sondern für einen guten Bürger konzipiert, und sie enthalten eine Neuordnung des Verhältnisses von Vernunft und Natur.

Rousseau behielt Bacons Ideal einer sorgfältigen Berücksichtigung der Natur bei; seine eigene Konzeption eines angemessen Verhältnisses zwischen Vernunft und Natur kehrte das Modell Bacons jedoch in mancherlei Hinsicht um. Durch die Pflege der Vernunft wird das menschliche Leben zum Ausdruck der Natur; und Rousseaus Version dieses Tatbestandes ging über das Ideal der Natur als Vorbild für menschliches Verhalten hinaus. Er sah in der Natur nicht einfach nur einen äußeren Entwurf für das menschliche Leben, sondern er sah sie als ihre innere Wahrheit. Die Natur ist sowohl Modell als auch Ursache einer unverderbten Simplizität und Spontaneität, die die Fesseln verzerrender Konvention und Künstlichkeit sprengt. Das Leben in einer zeitgenössischen Gesellschaft hat die Menschen von ihrem wahren Sein entfremdet:

> "Alle Geister scheinen aus derselben Form gegossen zu sein. Unaufhörlich zwingt die Höflichkeit, gebietet die Wohlerzogenheit, unaufhörlich folgt man dem Brauch, nie seiner eigenen Eingebung."[11]

Die Vernunft muß sich dahingehend entwickeln, eher das Natürliche als das Verderbte auszudrücken. Und Rousseau sah ihren Bezugspunkt mit dem Natürlichen nicht als Intellekt, sondern als Gefühl an. Wir leben in Übereinstimmung mit der Natur, indem wir die Vernunft aus dem entstehen lassen, was wir in unseren eigenen Herzen vorfinden.

Die Natur wurde so für Rousseau zu einem Modell und einer Quelle für moralische Gesundung. Und die Idee wie auch die Ideale der Vernunft änderten sich entsprechend. Trotz dieser Abwendung vom Fortschrittsgedanken mittels Naturunterwerfung behielten seine Versionen von Vernunft und Natur jedoch eine komplexe wechselseitige Abhängigkeit und Wechselwirkung bei. Die Vernunft baute in seiner Theorie auf der Natur auf, und sie beschränkte sich darauf, die Botschaften der Natur, die sie durch die innere Stimme des Herzens empfängt, zum Ausdruck zu bringen. Sie wurde von der Natur beherrscht, aber sie fuhr in einer anderen Weise fort, wiederum die Natur zu beherrschen. Für Rousseau sind Vernunft und Natur nicht gleichwertige, voneinander unabhängige und in sich vollständige Begriffe, und ihre Interdependenz ist höchst komplex. Er stellt die Natur als den wichtigsten Partner in der Verbindung dar. Die Vernunft sollte von der Natur unter Kontrolle gehalten werden; sie drückt natürliches Gefühl aus und transformiert es, aber verbleibt unter ihrer Herrschaft. Nähe zur Natur ist Kennzeichen der Wahrheit für die Vernunft, im Gegensatz zum Falschen und Gekünstelten. Wie die Erziehung des jungen Emile jedoch zeigt, beherrscht Rousseaus Vernunft in einer anderen Weise auch die Natur, indem sie hervorlockt, was wert ist, weiter ausgebildet zu werden.

Rousseau veranschaulicht das rechte Verhältnis zwischen Vernunft und Natur in seiner Beschreibung des natürlichen Gartens in *Julie oder Die neue Héloise.* Der Heldin Julie zufolge sind die Menschen, die die Natur lieben, sie aber nicht an weit entfernten Orten aufsuchen können, "genötigt, ihr Gewalt anzutun, sie gewissermaßen zu zwingen, daß sie komme und bei (ihnen) wohne. Das aber läßt sich ohne ein wenig Vortäuschung nicht erreichen."[12] In Julies Garten hat die Natur alles vollbracht, aber dies ist unter Julies eigenhändiger, bestimmter Anleitung geschehen, es gibt darin nichts, das nicht von der Gärtnerin angeordnet worden wäre. Julies Pflege orientiert sich am Modell der Natur, aber sie geleitet das wilde Wuchern der Natur behutsam in ein geordnetes Schema. In diesem Bild ist Rousseaus Ideal auf einen kurzen Nenner gebracht. Die Natur bedarf der Zähmung und Ordnung; aber gleichzeitig liefert sie das Modell für das kluge Handwerk des Gärtners. Rousseaus Vernunft baut auf der Natur auf und ist ihre natürliche Fortentwicklung. Das Vernünftige ist bereits in der Natur angelegt und wartet darauf, ans Tageslicht gefördert zu werden; es ist das in die Zukunft projizierte Prinzip des angemessen fortentwickelten Natürlichen.

In diese komplexe Dialektik des Verhältnisses zwischen Vernunft und Natur ist bei Rousseau auch das Thema Weiblichkeit eingebaut. Die Frauen stehen symbolhaft für eine wünschenswerte Nähe zur Natur, die sie in gewissem Sinne niemals verlassen. Sie haben denselben mehrdeutigen Status wie die Natur in Julies Garten. Rousseau sieht in ihnen die potentielle Quelle des Ungeordneten, das der Zähmung durch die Vernunft bedarf. "Noch nie ist ein Volk aufgrund eines Übermaßes an Wein von der Bildfläche verschwunden; sie verschwinden alle aufgrund der Unordnung der Frauen", klagt er in seinem *Brief an d'Alembert.*[13] Aber wegen ihrer besonderen Nähe zur Natur sind sie auch Gegenstand mancher Schmeichelei und eine Eingebung für die Tugend. "Welcher Mann kann so barbarisch sein, der Stimme der Ehrbarkeit und der Vernunft zu widerstehen, die von den Lippen eines zärtlichen Weibes fließt?" fragt er in der Widmung seines *Diskurses über den Ursprung der Ungleichheit unter den Menschen.* "Liebenswürdige und tugendhafte Bürgerinnen, es wird immer das Schicksal eures Geschlechtes sein, unseres zu beherrschen."[14]

Wir werden später noch sehen, welche Rolle dieser schmeichelnde Zugang zum Weiblichen in Rousseaus Behandlung von Politik und Moral spielte. Für Rousseau stellt die Natur nicht nur die mythische Vergangenheit der menschlichen Gattung, an die man sich voller Sehnsucht zurückerinnert, sondern auch ein Ziel dar, das mit Hilfe der idealen Form der Vernunft in einer besseren Weise zurückzugewinnen ist. Diese Doppelstellung der Natur schafft neue Möglichkeiten für eine symbolhafte Darstellung der Frau. Die weibliche Nähe zur Natur versetzt die Frau in die Lage, als moralisches Vorbild zu fungieren; sie steht sowohl für das, was von der Vernunft überwunden wird, als auch für die mittels Vernunft anzustrebenden Ziele. Es sind jedoch die Männer, die den von Rousseau postulierten Weg von der verderbten Vernunft zurück zur Natur beschreiten. Sie sind es, die das gesamte Drama der Transformation der Vernunft zur Aufführung bringen, so daß es die wahre menschliche Natur widerspiegelt und erhöht. Rousseaus Frauen treten diese Reise niemals wirklich an; anders als bei den Männern ist die Nähe zur Natur für sie ein natürlicher Zustand, nicht aber eine Errungenschaft der Vernunft.

Kant: Von der Unmündigkeit zur Aufklärung

Später im achtzehnten Jahrhundert entwickelte Kant den optimistischeren, auf die Zukunft ausgerichteten Strang der Behandlung der Stellung der Vernunft beim menschlichen Fortschritt Rousseaus weiter. Er widmete der Stellung der Vernunft in der Geschichte des Menschengeschlechts zwei kurze Schriften, die 1784 veröffentlicht wurden — Die *Idee zu einer allgemeinen Geschichte in weltbürgerlicher Absicht* und die *Beantwortung der Frage: Was ist Aufklärung?* Hier ist nach Kant der Fortschritt der Vernunft gesichert, indem die Vernunft eine Natur, die selbst rational ist, in sich enthält und unterstützt. Rousseaus Thema der Unterordnung der Vernunft unter die Natur nimmt in diesen Schriften eine teleologische Dimension an. In der *Idee zu einer allgemeinen Geschichte* stellt Kant die Natur als treibende Kraft dar, die der menschlichen Vernunft über jede tatsächliche menschliche Absicht hinaus Zwecke und Ziele setzt.[15]

> ”Einzelne Menschen und selbst ganze Völker denken wenig daran, daß, indem sie, ein jedes nach seinem Sinne und einer oft wider den anderen, ihre eigene Absicht verfolgen, sie unbemerkt an der Naturabsicht, die ihnen selbst unbekannt ist, als an einem Leitfaden fortgehen, und an derselben Beförderung arbeiten, an welcher, selbst wenn sie ihnen bekannt würde, ihnen doch wenig gelegen sein würde.“[16]

Was in den Handlungen einzelner Subjekte ”verwirrt und regellos“ zu sein scheint, kann in der Geschichte der Gattung "als eine stetig fortschreitende obgleich langsame Entwicklung der ursprünglichen Anlagen derselben anerkannt" werden. Menschliche Wesen handeln oft ohne sichtbar vernünftige Absicht, aber der Philosoph sollte nach einem "Zweck der Natur" hinter diesem sinnlosen Lauf menschlicher Ereignisse suchen.

Kants Optimismus gründet auf einer Erläuterung der Natur der menschlichen Vernunft und in seiner Überzeugung der Vernunft in der Natur. Die Vernunft befähigt die Menschen, die Gesetze und Absichten, denen sie folgen, weit über die Grenzen der natürlichen Instinkte hinaus zu erweitern; aber sie arbeitet nicht selbst instinktmäßig. Sie benötigt Versuche, Übung und Unterricht zu ihrem Fortschritt. Daher ist eine lange Reihe von Generationen, von denen eine jede von einer Stufe der Aufklärung zur anderen fortschreitet, zur Entwicklung der in unserer Gattung angelegten Naturanlagen erforderlich. Wenn man annähme, daß diese Naturanlagen nicht dazu bestimmt sind, sich einmal vollständig und zweckmäßig zu entwickeln, so glaubte man, daß die Natur selbst nicht vollends rational wäre. Wenn solche Naturabsichten aber nicht erfüllt würden, wären wir nicht mit einer "gesetzmäßigen", sondern mit einer "zwecklos spielenden" Natur konfrontiert. Das "trostlose Ungefähr" träte an die Stelle des "Leitfadens der Vernunft". Wenn wir also die Natur der menschlichen Vernunft in der Natur abstimmen wollen, so müssen wir die menschliche Geschichte als einen allmählichen Fortschrittsprozeß hin zur vollkommenen Verwirklichung der im Menschen angelegten Fähigkeiten zur Vernunft ansehen.

In seiner Sicht der Menschheitsgeschichte sieht Kant wie Rousseau in der Fähigkeit zur Selbstverbesserung das kennzeichnende Merkmal des Menschseins. Als Kennzeichen menschlichen Fortschritts gilt dabei weniger das bloße "Wohlbefinden", sondern vielmehr die "vernünftige Selbstschätzung" des Menschen: "Es scheint aber der Natur darum gar nicht zu tun gewesen zu sein, daß er wohl lebe; sondern, daß er sich so weit hervorarbeite, um sich, durch sein Verhalten, des Lebens und des Wohlbefindens würdig zu machen."[17] Dies bedeutet, daß die Torheit, Gehässigkeit und Verderblichkeit zivilisierten Verhaltens, die Rousseau dazu veranlaßte, sehnsüchtig auf die verlorene Jugend der Welt zurückzublikken, als Voraussetzung für die Entwicklung der Gattung angesehen werden sollte. Rousseaus Einsicht in das edle Potential der Zwietracht wird von Kant zur Verherrlichung des Antagonismus der ungeselligen Geselligkeit als notwendiger Voraussetzung für die Ausbildung der im Menschen angelegten rationalen Fähigkeiten weiterentwickelt. Die ungesellige Geselligkeit von Konflikt und Widerstand weckt die Fähigkeiten der Menschen und versetzt sie in die Lage, die ersten Schritte "von der Rohigkeit zur Kultur" zu tun. Die Zwietracht liefert dem Pessimismus keinen Vorschub, sondern sie ist Quelle aller kulturellen Errungenschaften und Künste, die die Menschheit zieren, und darüber hinaus Ursache natürlicher Sittlichkeit. Ohne sie würde der Mensch ein "arkadisches Schäferleben, bei vollkommener Eintracht, Genügsamkeit und Wechselliebe" führen, aber die menschlichen Talente würden auf ewig schlummern: "die Menschen, gutartig wie die Schafe, die sie weiden, würden ihrem Dasein kaum einen größeren Wert verschaffen, als dieses ihr Hausvieh hat." Das Ziel, für das sie geschaffen wurden — ihr vernünftiges Sein — wäre unausgefüllt und leer.

> "Dank sei also der Natur für die Unvertragsamkeit, für die mißgünstig wetteifernde Eitelkeit, für die nicht zu befriedigende Neugierde zum Haben, aber auch zum Herrschen! Ohne sie würden alle vortrefflichen Naturanlagen in der Menschheit ewig unentwickelt schlummern. Der Mensch will Eintracht; aber die Natur weiß besser, was für seine Gattung gut ist: sie will Zwietracht."[18]

Somit entlarvte Kant Rousseaus offensichtliche Bevorzugung des Status der ursprünglichen Wildheit als eine Theorie, die auf einer unangemessen Kurzsichtigkeit der Entwicklung der Gattung beruht.

> "Wir sind im hohen Grade durch Kunst und Wissenschaft *kultiviert*. Wir sind *zivilisiert*, bis zum Überlästigen, zu allerlei gesellschaftlicher Artigkeit und Anständigkeit. Aber, uns für schon *moralisiert* zu halten, daran fehlt noch sehr viel."[19]

Das Thema der moralischen Mündigkeit und ihrer Beziehungen zum Fortschritt der Vernunft wird in der Schrift *Was ist Aufklärung?*[20] fortgeführt. Kant definiert Aufklärung als "Ausgang des Menschen aus seiner selbst verschuldeten Unmündigkeit", aus seinem Unvermögen, das aus einem Mangel an Mut oder Entschlußkraft resultiert, sich seines eigenen Verstandes ohne Leitung eines anderen zu bedienen. Als Motto der Aufklärung gilt daher: "*Sapere aude!* Habe Mut, dich deines *eigenen* Verstandes zu bedienen." Faulheit und Feigheit liefern die Erklärung für die Tatsache, daß ein so großer Teil der Menschheit, "darunter das ganze schöne Geschlecht", so leicht dem Einfluß der "Vormünder" erliegen, die die Oberaufsicht über sie führen. Die allgemeine Aufklärung einer Gesellschaft erfordert das Ende einer solchen Vormundschaft.

Kants Thema der Aufklärung als Mündigkeit wird mit räumlichen sowie zeitlichen Metaphern verknüpft. Es umfaßt den Zugang zu einem öffentlichen Raum der Redefreiheit; es hängt ab von der Anerkennung der "Freiheit, von seiner Vernunft in allen Stücken *öffentlichen Gebrauch* zu machen". Kant verbindet das heraufziehende Zeitalter der Vernunft mit diesem kennzeichnenden öffentlichen Gebrauch einer Freiheit, in der Gelehrte sich an ein gebildetes Publikum wenden. Der private Gebrauch der Vernunft wird in bürgerlichen Posten oder

Ämtern ausgeübt und kann im Gegensatz zu öffentlichen ohne Schaden für den Fortschritt der Aufklärung eng begrenzt und kontrolliert werden. Daher hält Kant es für korrekt, wenn der Staat von seinen Beamten passiven Gehorsam fordert, aber eben diese Beamten sollten als Gelehrte die Freiheit haben, zu argumentieren und die Maßnahmen des Staates zu kritisieren. Die für die Aufklärung eigentümliche Mündigkeit steht in direkter Verbindung mit dem Zugang zu einem öffentlichen Raum, in dem die Gelehrten uneingeschränkte Freiheit genießen, ihre eigene Vernunft zu gebrauchen und "in ihrer eigenen Person zu sprechen". Eine Einschränkung der Freiheit in diesem Bereich hieße, "einen Zeitraum in dem Fortgange der Menschheit zur Verbesserung gleichsam zu vernichten, und fruchtlos, dadurch aber wohl gar der Nachkommenschaft nachteilig, zu machen". Der Verzicht auf Aufklärung "heißt die heiligen Rechte der Menschheit verletzen und mit Füßen treten".

Abgesehen von seinem beiläufigen Hinweis auf die Einbeziehung des gesamten schönen Geschlechts bei der Ausnutzung von Faulheit und Feigheit durch den Vormund, untersucht Kant die Möglichkeit einer Differenzierung der Geschlechter im Aufklärungsprozeß nicht weiter. Seiner eigenen Logik zufolge muß die Unmündigkeit der Frauen mit ihrem systematischen Ausschluß sowohl vom privaten Gebrauchs der Vernunft im Zusammenhang mit den Pflichten der Staatsdiener als auch vom öffentlichen Gebrauch der Vernunft, bei dem diese Rollen aufgegeben werden, in Verbindung gebracht werden. Es geht hier um mehr als den Ausschluß der Frauen aus den eigentlichen öffentlichen Stätten der Gelehrsamkeit und wissenschaftlichen Diskussion. Die Metapher eines gemeinsamen intellektuellen Raumes, den Kant in diesem Aufsatz wachruft, ist auch implizit in seinen formaleren Darstellungen der Moral gegeben. Sittliches Bewußtsein umgreift wie die "Aufklärung", von der Kant hier spricht, den Ausgang aus der Subjektivität des unmündigen Bewußtseins in einen öffentlichen Raum allgemeiner Grundsätze, die von den Individuen autonom angestrebt werden. Seine Schriften zur Ethik entwickeln diesen Ansatz in eine Sicht der Moralität weiter, die im Gegensatz zu Neigungen und Gefühlen steht, die also die Subjektivität und Partikularität der Leidenschaft transzendiert, um als freies Bewußtsein den allen gemeinsamen Bereich der Vernunft zu betreten.

Wie Hume argumentiert hatte, leiten sich moralische Unterscheidungen nicht aus dem Wirken der Leidenschaften ab, die das Leben abwechslungsreich gestalten. Die ethische Dimension einer Handlung leitet sich vielmehr daraus ab, daß sie unter rationale, allgemeine Prinzipien fällt, die unabhängig von den unvereinbaren Wünschen und Gefühlen, die rationale Wesen voneinander unterscheiden und trennen, verbindlichen Charakter haben. Kants Denken gibt hier seine in *Was ist Aufklärung?* aufgestellte Forderung wieder, daß die Vernunft ihre wahre Entfaltung nicht in individuellen Merkmalen einzelner Menschen, sondern in der Gattung erfahren muß. Das rationale Sein des Menschen läßt Aussagen zu, die für alle menschlichen Wesen unterschiedslos gelten könnten, und dadurch erlangt er den Status eines genuin moralisch handelnden Subjektes. Der Prüfstein der Sittlichkeit seiner Handlungen ist, daß sie unter abstrakte, allgemeine Prinzipien fallen, die als solche für rational handelnde Wesen verbindlich sind.

Indem er die allgemeinen Prinzipien des Handelns in den Vordergrund rückt, stellt Kant die zentrale Stellung der Vernunft in der Sittlichkeit wieder her, die Hume ihr abgesprochen hatte. Er dachte wie Hume, daß die reine Vernunft nicht in der Lage sei, das wahre Sein der Dinge zu erkennen. In der *Kritik der reinen Vernunft* argumentierte er, daß die reine Vernunft im theoretischen Bereich schwach sei, da die menschliche Erkenntnis ihre Gegenstände von einer äußeren Vernunft erhielte. Für menschliche Wesen müsse die "Intuition", von der jede Erkenntnis abhinge, sinnlichen Charakters sein. Die Vernunft sei ein Vermögen zur Erfassung nicht-empirischer, universaler Prinzipien; menschliche Erkenntnis müsse jedoch auf die Sinneswahrnehmung zurückgreifen. Im Sinne Kants ist die Vernunft daher im theoretischen Bereich auf bloßes Denken beschränkt; dagegen wirke der Verstand im Verein mit den Sinnen und führe zu wahrer Erkenntnis der Welt, wie sie rationalen Wesen unserer Konstitution erscheinen müsse. Aber die Schwäche, die die reine Vernunft in ihrem theoretischen Gebrauch charakterisierte, sei nicht auf den praktischen Bereich übertragbar. Hier führte die Vernunft aus sich selbst heraus zu allgemeingültigen moralischen Prinzipien, die nicht von zufälligen, empirischen Neigungen, Leidenschaften oder Interessen abhingen.

Dieses begrenzte Bild eines streng moralisch Handelnden wird in mancherlei Hinsicht Kants Absichten nicht gerecht. Seine Aussage bedeutete nicht, daß genuin moralisch handelnde Personen ihre natürlichen Neigungen, Wünsche und Gefühle abschütteln sollten. Vielmehr können die originär sittlichen Beweggründe ihrer Handlungen im Gegensatz zu Hume vollständig mit Hilfe rationaler Prinzipien ausgedrückt werden. Nichtsdestoweniger hat seine Philosophie eine Sicht der Moralität angeregt, die der kartesischen Auffassung über das Ich in mancherlei Hinsicht ähnelt und dazu tendiert, das menschliche Leben einerseits in wahrhaft sittliche, universale Belange, andererseits in das Besondere des rein Persönlichen aufzuspalten. Kant vertritt die Ansicht, daß das moralische Bewußtsein in einen Bereich gehöre, der allen Menschen gemeinsam sei. Wie die kartesische Auffassung über den Geist ist seine Version der Sittlichkeit trotzdem in die Artikulation geschlechtlicher Unterschiede eingegangen. Ironischerweise hat sich Kants Bild der Moralität mit seiner Betonung der mutmaßlich universalen Aspekte des menschlichen Geistes zu einer wesentlichen Tendenz in den neueren Ideen einer geringfügigeren moralischen Entwicklung der Frauen entwickelt. Kants Kontrast zwischen reiner Neigung und der Unpersönlichkeit der Pflicht findet sich beispielsweise in Freuds nur zu bekannter Ansicht wieder, daß die moralische Entwicklung der Frauen hinter dem vollkommen ausgeprägten moralischen Bewußtsein der Männer zurückbleibt.

> "Man zögert es auszusprechen, kann sich aber doch der Idee nicht erwehren, daß das Niveau des sittlich Normalen für das Weib ein anderes ist. Das Über-Ich wird niemals so unerbittlich, so unpersönlich, so unabhängig von seinen affektiven Ursprüngen, wie wir es vom Manne fordern. Charakterzüge, die die Kritik seit jeher dem Weibe vorgehalten hat, daß es weniger Rechtsgefühle zeigt als der Mann, weniger Neigung zur Unterwerfung unter die großen Notwendigkeiten des Lebens, sich öfter in seinen Entscheidungen von zärtlichen und feindseligen Gefühlen leiten läßt, fänden in der oben abgeleiteten Modifikation der Über-Ichbildung eine ausreichende Begründung."[21]

Freuds Bestimmung der moralischen Fähigkeiten der Frauen wird im Sinne der höheren Entwicklung des Über-Ichs im Manne mittels seiner Überwindung des Ödipus-Komplexes zum Ausdruck gebracht. Obwohl aber seine Idee des männlichen moralischen Bewußtseins als einer geistigen Errungenschaft vollkommen neuartig war, so kann sie doch nur als neue Variation eines älteren Themas gewürdigt werden. Der Ödipus-Komplex steht stellvertretend für den Zugangspunkt zum öffentlichen Raume der Vernunft, zum Reich universal gültiger Prinzipien, in dem das genuin ethische Bewußtsein wirkt. Die männliche Überwindung des Ödipus-Komplexes wird als Abkehr von den Schwankungen des Emotionalen und Persönlichen, von der Subjektivität bloßer "Gefühle der Zuneigung oder der Abneigung" dargestellt. Das zugrundeliegende Bild der Sittlichkeit, das hier zum Tragen kommt, ist mit der höchst einflußreichen Konzeption, die ihren umfassendsten Ausdruck in der Ethik Kants fand, eng verknüpft. Innerhalb unserer intellektuellen Tradition wurde Raum geschaffen für die moralische Unmündigkeit des weiblichen Bewußtseins aufgrund seiner Entwicklung aus geringeren Bewußtseinsformen. Diese Idee wurde von Hegel bis an ihre Grenzen getrieben.

Hegel: Vernunft als Entfaltung der Natur

Rousseaus Sehnsucht nach dem schwindenden Küstenstrich schwand in Kants zuversichtlicher Behauptung des Fortschrittes der Vernunft unter der wohlwollenden Anleitung durch die Natur dahin. Aber erst Hegel brachte das Thema der grundlegenden Versöhnung der Vernunft mit der Natur am deutlichsten zum Ausdruck. Für ihn waren das Wissen um individuelle Ausprägungen des Geistes, der Fortschritt der Vernunft und die Entwicklung der menschlichen Geschichte alle zusammen Bestandteile einer großen Entfaltung der Natur hin zu ihrer sich selbst bewußten Verwirklichung als das Absolute. Jede scheinbare Gegensätzlichkeit zwischen Geist und Natur spiegelt schlicht ein gewisses Zwischenstadium im Prozeß der allmählichen Entfaltung der Natur und ihrer Rückkehr zu sich selbst. Hegel drückt diesen Aspekt in der *Phänomenologie des Geistes* so aus, daß alles, was auf den ersten Blick außerhalb des Geistes und unabhängig von seinem Wirken zu geschehen scheint, in Wahrheit sein eigenes Tun offenbar werden läßt. Die quälende Empfindung einer Trennung von Vernunft und Natur führte dazu, daß Rousseau die "Tyrannei der Reflexion" bedauerte, während sie für Hegel einfach Merkmal einer unmündigen Form von Vernunft war, die ihr Einssein mit der Wirklichkeit noch nicht vollends erfaßt hatte. Das Wirkliche ist das Vernünftige und das Vernünftige ist das Wirkliche; Vernunft und Natur sind ein und dasselbe. Aber dieser Tatbestand wird erst in fortgeschritteneren Bewußtseinsstufen erfaßt.

Wie Rousseau und Kant vor ihm, sah Hegel den Fortschritt der Vernunft im Sinne eines Sichbewußtseins der Freiheit — einer Freiheit, deren Kennzeichen der selbst auferlegte Gehorsam gegenüber dem Gesetz war. In seinem *Gesellschaftsvertrag* hatte Rousseau die Freiheit mit einem Gehorsam gegenüber Gesetzen, die wir uns selbst geben, gleichgesetzt.[22] Und Kant führte diesen Aspekt fort, indem er das moralische Bewußtsein mit der Autonomie einer Vernunft als identisch ansah, die verallgemeinerbare, formale Prinzipien erfaßt, die über die Eigentümlichkeit und die Befangenheit von Gefühlen hinausgehen. Hegel sah den Fortschritt der Vernunft ebenfalls als einen Vorstoß in eine Freiheit an, die auf einer umfassenderen Einsicht in das Allgemeine und damit auf einer Loslösung vom Subjektiven und Einzelnen beruht. Seine Weiterführung dieses Themas geschieht jedoch in einem Denkrahmen, der eine weit subilere Anpassung zwischen verschiedenen Entwicklungsstufen im Prozeß des Sichbewußtwerdens des Geistes ermöglicht. In der *Phänomenologie des Geistes* zeigt er auf, wie sich die Natur durch die Vernunft zum Geiste hin entwickelt, was in einem Prozeß aufeinanderfolgender Entwicklungsstufen des menschlichen Bewußtseins und ihrer Manifestation in gesellschaftlichen Strukturen abläuft. Die weniger weit entwickelten Bewußtseinsformen finden ihre logische Grundlage auf nachfolgenden, fortgeschritteneren Stufen. Ausgehend von ihrer Verborgenheit in der Natur rückt die Vernunft in einem verschwommen wahrgenommenen Sinn für die Einheit des Wirklichen und des Vernünftigen allmählich vor, um schließlich zum Geist selbst zu werden, "indem die Gewißheit, alle Realität zu sein, wahr geworden ist, und sie sich ihrer selbst als ihrer Welt und der Welt als ihrer selbst bewußt ist."[23] Rousseaus vages Ideal einer Vernunft, die hervorlockt, was in der Natur verborgen ist, während sie in ihrer Nähe verweilt, erhielt nun eine deutliche Formulierung.

Hegel stellt die Entwicklung des Vernunftfortschrittes zweigleisig als Entwicklung der individuellen Selbstbewußtwerdung und der Entwicklung von Formen gesellschaftlicher Organisation dar. In beiden Fällen heben die fortgeschritteneren Stufen die weniger weit entwickelten auf. Jede Stufe wird zu dem, was sie wahrhaft ist nur dadurch, daß sie aufgehoben wird; die innere Natur einer jeden Stufe wird erst in der nächsthöheren erkennbar. Dieser Aspekt ist ein wiederkehrendes Motiv in Hegels Denken. Er erzeugt reichhaltige und komplexe Bezugsstrukturen zwischen verschiedenen Bewußtseinsformen und versetzt unentwickeltere Stufen in die Lage, gleichzeitig beibehalten und transzendiert zu werden. Das dialektische Schema und sein Potential kommt deutlich in Hegels Darstellung eines gequälten oder, in seinen Worten, "unglücklichen Bewußtseins" und der im Endeffekt erfolgenden Auflösung seines inneren Konfliktes zum Ausdruck.[24]

Das unglückliche Bewußtsein verkörpert nicht nur eine Empfindung der im "Stoizismus" eingeschlossenen Unveränderbarkeit der Dinge, sondern auch ein Gefühl für die im "Skeptizismus" enthaltene Veränderbarkeit der Dinge. Es erfährt die Kombination beider jedoch im Bewußtsein des Selbst nur als eines "widersprüchlichen Seins mit zwei Naturen". Es erfaßt die Auflösung seines Widerspruchs nur in einem vagen Gefühl dafür, daß das Unveränderbare tatsächlich sein eigenes Ich ist. Es befindet sich in einem Status der Hingabe, in einer Bewegung hin zum Denken, dessen "Sinnen als solches nicht mehr ist als das chaotische Läuten von Glocken oder ein Dunst warmen Weihrauchs, ein wohlklingendes Denken, das nicht bis zum Begriff vordringt". Es ist eine Bewegung unendlicher Sehnsucht des reinen Herzens, das sich selbst als quälend gespalten erfährt. Fortgeschrittenere Stufen lösen diese Qual in einem klareren Bewußtsein dessen auf, daß dem oberflächlich sichtbaren Gegensatz eine Einheit zugrundeliegt, in der sich die Unbeständigkeit des Geistes mit der Stabilität der Natur vereinigt. Aber sie verleugnen dabei nicht, daß ihnen die vorausgehenden, weniger entwickelten Bewußtseinformen fremd sind.

Hegels Geist wiederholt Kants Definition von Aufklärung; sie wendet sich an *jedes* Bewußtsein: "*seid für euch selbst*, was ihr Alle *an euch selbst seid* — vernünftig".[25] Die Bedeutung weniger aufgeklärter Bewußtseinsformen wird nun in subtiler Weise aufrechterhalten:

> "... daß die Vernunft das geistige gebildete Bewußtsein, zu dem sie gekommen ist, wieder aufgebe, den ausgebreiteten Reichtum ihrer Momente in die Einfachheit des natürlichen Herzens zurückversenke, und in die Wildnis und Nähe des tierischen Bewußtseins, welche Natur auch Unschuld genannt wird, zurückfalle ...".[26]

Aber der Prozeß des Aufgehobenwerdens selbst konserviert und konstituiert sie sogar. Sie existieren nur im Status des Aufgehobenseins. Hegel schafft somit die Möglichkeit, einige Bewußtseinsformen als unmündig im Vergleich zu anderen zu apostrophieren, gesteht ihnen aber trotzdem zu, beibehalten und anerkannt zu werden.

Geschlechtsspezifika erscheinen nicht explizit in den ersten Abschnitten der *Phänomenologie des Geistes*, in denen Hegel die Entwicklung des menschlichen Bewußtseins beschreibt. Aber das hier von ihm eingeführte Schema eignet sich dazu, das weibliche Bewußtsein als eine Größe aufzufassen, die sich anzupassen hat, die im gereifteren "männlichen" Bewußtsein enthalten ist und von ihm transzendiert wird. Es werden hier die Voraussetzungen dafür geschaffen, die Frau als ein Wesen aufzufassen, das sein eigentliches Sein nur kraft dessen verwirklichen kann, was oberhalb seiner selbst ist. Im folgenden

Kapitel werden wir sehen, wie Hegel an späterer Stelle in seinem Werk die Weiblichkeit mit vergleichsweise unmündigen Stufen im Verlaufe des Fortschritts der Vernunft in Beziehung setzt.

5
Das Öffentliche und das Private

Einführung: Komplementäre Bewußtseinsformen

In Virginia Woolfs Roman *Night and Day* frönt die Heldin Katherine Hilbery einer heimlichen Leidenschaft für Mathematik. Sie zieht sich von den emotionalen Vielschichtigkeiten und Verantwortlichkeiten des weiblichen Lebens zurück in eine verstohlene Betrachtung abstrakter Symbole und geometrischer Figuren. Für Katherine steht diese unweibliche Betätigung für Klarheit, Unpersönlichkeit und Notwendigkeit im Gegensatz zur Verwirrung und Zufälligkeit des häuslichen Lebens, das die Frauen so ganz in Anspruch nimmt. Die von Virginia Woolf hier beschriebene, bekannte weibliche Sehnsucht geht über den Wunsch hinaus, der oftmals vernichtenden Langeweile und dem Gefühl des Eingeschlossenseins in ein ausschließlich im Privatbereich zugebrachten Leben zu entrinnen. Sie sehnt sich ebenso nach einer Befreiung von einer gewissen Art des Denkens, von der Beschränkung ihres Intellektes auf das Reich des Speziellen, des bloß Abhängigen; kurz: Sie sehnt sich nach einem Zugang zur Vernunft. Denn die Vernunft bildet nicht nur die Voraussetzung und den Zugangspunkt zum öffentlichen Bereich des politischen Lebens, sondern auch zum Reich des Gedanklichen — der universalen Prinzipien und der notwendig gegebenen Anordnungen von Ideen. Wir stellten bereits fest, daß richtiges Urteilen für Descartes einen Kampf fort vom Sinnlichen und im Extremfall gar die völlige Loslösung von den Vielschichtigkeiten und Eigentümlichkeiten des gewöhnlichen Lebens mit sich brachte. Das Ziel dieser mühevollen Aktivität setzte in mancherlei Hinsicht das alte griechische Ideal eines geordneten Reichs des Denkens fort, obwohl als gelobtes Land nicht länger das platonische Reich universaler Formen galt, sondern eher die notwendigen Prinzipien des Denkens, die vermutlich für jeden menschlichen Geist in gleicher Weise gelten.

Die Idee, daß Frauen ihre eigene kennzeichnende Form eines intellektuellen Charakters haben oder über eine ihnen eigentümliche Denkungsart verfügen, ist in unserer philosophischen Tradition relativ neu. Wie wir gesehen haben, stellten Philon, Augustinus und Thomas von Aquin die Weiblichkeit als eine wie auch immer abgeleitete Größe in bezug auf das männliche Paradigma der rationalen Vortrefflichkeit dar. Sie artikulierten diesen Sachverhalt jedoch nicht im Sinne einer komplementären Beziehung zwischen einem typisch männlichen und einem genuin weiblichen intellektuellen Charakter; die Frauen galten in bezug auf ein einmaliges Muster an Vollkommenheit als schlicht minderwertig. Um die Mitte des achtzehnten Jahrhunderts herum können wir eine Verschiebung dieses Schwerpunktes feststellen. Rousseau bezeichnete beispielsweise den Verstand von Mann und Frau als etwas voneinander völlig Verschiedenes, sodaß beide in einem "komplementären" Verhältnis zueinander stünden. Jedes Geschlecht geht den "Weg, der ihm von der Natur vorgezeichnet ist", schreibt er im Fünften Buch des *Emile*, und es ist in dieser Abweichung weit perfekter, als wenn das eine dem anderen mehr ähnelte. "Eine vollkommene Frau und ein vollkommener Mann dürfen sich im Geist ebenso gleichen wie im Gesicht; auch in der Vollkommenheit gibt es kein Mehr und kein Weniger."[1] Dieses komplementäre Verhältnis implizierte seiner Auffassung zufolge die Unangemessenheit der männlichen Art und Weise intellektuellen Funktionierens für Frauen. "Die Erforschung der abstrakten und spekulativen Wahrheiten, die Prinzipien und Axiome der Wissenschaften, alles, was auf die Verallgemeinerung von Begriffen abzielt, ist nicht Sache der Frauen."[2]

In seinen *Beobachtungen über das Gefühl des Schönen und Erhabenen* vertrat Kant ähnliche Ansichten wie Rousseau, indem er darauf bestand, daß das schöne Geschlecht zwar über ebenso viel Verstand verfüge wie das männliche, daß der weibliche Verstand aber anders sei — eben ein schöner Verstand.

> "Mühsames Lernen oder peinliches Grübeln . . . vertilgen die Vorzüge, die ihrem Geschlechte eigentümlich sind. . . . Ein Frauenzimmer . . . mag nur immerhin noch einen Bart dazu haben; denn dieser würde vielleicht die Miene des Tiefsinns noch kenntlicher ausdrücken, um welchen sie sich bewerben."[3]

Ihr Mangel an abstraktem Denkvermögen wird jedoch nicht als Leere im weiblichen Verstande angesehen. Was ihr zur Erfassung universaler Prinzipien fehle, gliche die Frau durch andere geistige Merkmale aus, darunter Geschmack, zartes Empfinden, Sinn für das Praktische, Gefühl. Für Kant wie für Rousseau bildeten die komplementären Charaktere von Mann und Frau gemeinsam ein einziges moralisches Wesen aus:

> "In dem ehelichen Leben soll das vereinigte Paar gleichsam eine einzige moralische Person ausmachen, welche durch den Verstand des Mannes und den Geschmack der Frauen belebt und regiert wird."[4]

Der komplementäre Charakter sollte beiden Geschlechtern zum Vorteil gereichen, obwohl Kants Beschreibung zu der Annahme führt, daß eher der männliche Teil einen Nutzen daraus zieht. Er wird nämlich dadurch als Mann perfekter, wohingegen die Frau als Gattin perfekter wird. Der Mann wird wiederum zur Norm erhoben. Wie Mary Wollstonecraft in Verärgerung über Rousseau aufzeigte, stellt diese moralische Arbeitsteilung in der Praxis möglicherweise ein hinderliches Arrangement dar. Wenn beide zusammen nur ein einziges moralisches Wesen sind, so ist der Ehemann nicht immer zur Hand, um seiner Frau seine Vernunft zur Verfügung zu stellen, gerade, wenn sie am dringendsten für solche Aufgaben wie die richtige Erziehung von Kindern benötigt wird.

> "Seine abstrakte Vernunft, die die konfusen Strahlen ihrer praktischen Vernunft bündeln sollte, ist vielleicht gerade in einer Weinprobe absorbiert und macht kluge Bemerkungen über die Saucen, die am delikatesten zu Truthahn munden; oder er ist vielleicht noch ernsthafter an einem Kartentisch damit beschäftigt, seine Ideen zu verallgemeinern, während er sein Vermögen verwettet; in der Zwischenzeit überläßt er die gesamte Kleinarbeit der Erziehung seiner Gefährtin oder dem Zufall."[5]

Wenn auch das Arrangement höchst unpraktisch zu sein scheint, so sollte diese Idee eines komplementären Charakters dem weiblichen Geschlecht ein Kompliment erteilen. Daß die Frauen kalte und spekulative Formen des Denkens vermissen ließen, verbanden Rousseau und Kant mit Schmeicheleien für sie. Dies trug dazu bei, die Tatsache zu verschleiern, daß der mutmaßlich für sie kennzeichnende intellektuelle Charakter der Frauen das Ergebnis ihres Ausschlusses aus einer männlichen Errungenschaft war. Die Situation verdeutlicht sich in der später von Schopenhauer angebotenen Version des weiblichen

Charakters. In seinem Artikel *Über die Weiber* stellt er den weiblichen Mangel an Urteilsvermögen als eine Art inhärente Unmündigkeit dar. Nach seiner Meinung könnten die Frauen nur zu einer sehr beschränkten Vernunft Zugang gewinnen, und sie blieben daher "Zeit Lebens große Kinder."[6]

Wie wir bereits gesehen haben, stellt Hegel in den *Grundlinien der Philosophie des Rechts* dieselbe Verbindung zwischen charakteristischen Merkmalen des weiblichen Bewußtseins und dem Ausschluß der Frauen aus einer männlichen Errungenschaft dar. In der *Phänomenologie des Geistes* legt er darüber hinaus ein kritisches Bewußtsein der Komplexität dieses Ausschlusses an den Tag: Das weibliche Geschlecht bildet sich durch Unterdrückung heraus.[7] Hegels Diagnose der Konstituierung des weiblichen Geschlechtes durch die Trennungen zwischen den öffentlichen und den privaten Bereichen wiederholt, aber verdeutlicht ein ambivalentes Verhältnis zum Weiblichen, das schon im Denken Rousseaus gegenwärtig war. Wenn wir Hegels Erkenntnis in die richtige Perspektive bringen wollen, so müssen wir zuerst analysieren, wie Rousseaus Ansichten über die Natur auf seine Behandlung der Trennung zwischen öffentlichem und privatem Leben bezogen waren.

Wie wir bereits gesehen haben, machte die Nähe zur Natur Rousseaus Frauen zu moralischen Vorbildern, während sie gleichzeitig die logische Grundlage für ihren Ausschluß aus dem Bürgerstand bereitstellte. Die Festlegung der Frauen auf den häuslichen Bereich trug zur Kontrolle der zerstörerischen Wirkungen der Leidenschaften auf die bürgerliche Gesellschaft bei, während sie dennoch das Emotionale als bedeutende Dimension menschlichen Wohlbefindens beibehielt. Rousseau sah nicht nur in der Unordnung der Frauen und der damit verbundenen undisziplinierten Leidenschaft eine Bedrohung des öffentlichen, staatsbürgerlichen Lebens. Denn auch die Tugenden, die mit den mütterlichen Gefühlen der Frauen assoziiert werden, können die angemessene Funktionsweise des Staates bedrohen, wie aus der Geschichte der spartanischen Mutter in den ersten Abschnitten des *Emile* hervorgeht. Der gute Bürger preist den Tod seines Sohnes, wenn er dem Wohle des Staates dient. Sogar tugendhafte Leidenschaft kann also in Konflikt mit den Forderungen des Staates geraten. Die Voraussetzungen, die eine gute Privatperson mitbringen muß, stimmen nicht ganz mit den Voraussetzungen eines guten Bürgers überein. Rousseau löste das Problem, indem er aus den Männern gute Bürger und aus den Frauen gute Privatpersonen machte. Die beiden Bereiche wiesen seiner Ansicht nach jedoch Überschneidungen auf, da sie den Frauen eine Rolle in der Entwicklung und Beibehaltung guter Formen öffentlichen Lebens zuwiesen, an denen sie selbst nicht direkt partizipierten. Das Private war für Rousseau ein Bereich der persönlichen Tugend, der frei von der Falschheit und Bestechlichkeit des öffentlichen Lebens war und sich unter der Herrschaft von Frauen befand, die in großer Nähe zur Natur lebten. Der Privatbereich war für Rousseau nicht nur ein Zufluchtsort der Männer, an den sie sich aus der Verderbtheit der Gesellschaft zurückziehen konnten; er war gleichzeitig die Kinderstube für gute Bürger, die das öffentliche Leben verändern sollten.

Der Privatbereich stellte also einen wesentlichen Teil des Rousseauschen Ideals gesellschaftlicher Verhältnisse dar. Einerseits diente er dem Zweck, die Frauen aus dem öffentlichen Leben herauszuhalten. Andererseits bot er den Leidenschaften eine Möglichkeit zur Verwirklichung, wobei sie entschärft und kanalisiert wurden, um die öffentliche Ordnung nicht zu gefährden; die private Sphäre war ein Hafen der Tugend und der Zärtlichkeit, der angesteuert werden konnte, um dem korrupten öffentlichen Leben zu entgehen; darüber hinaus bot sie das Modell für seine Transformation. Und in diesem Reich der tugendhaften Leidenschaft sollten Frauen den Vorsitz führen. Die "Hausfrauen“ Rousseaus beeinflussen das öffentliche Leben durch die Männer. Die Männer werden von tugendhaften Frauen in der "Kindheit gehegt" und im "Mannesalter gepflegt" und sie führen so in den öffentlichen Bereich eine von der Natur beherrschte Vernunft ein. Die im Fünften Buch des *Emile* beschriebene Erziehung der Sophie verdeutlicht, daß diese vorbildliche weibliche Tugend weitgehend das Ergebnis von Einschränkungen ist, die ihr von außen auferlegt werden. Die tugendhafte Leidenschaft, auf der die Vernunft aufbauen muß, ist gleichzeitig eine eingeschränkte Leidenschaft. Und die Beschränkungen, die in Sophies Erziehung eingehen, übertreffen die Einmischung des Erziehers in Emiles Spontaneität im Verlaufe seiner "natürlichen" Erziehung bei weitem. Sophies Erziehung ist auf das Gedeihen der Natur Emiles ausgerichtet, und in bezug auf diese ist ihr eigenes Sein komplementär.

Rousseau lehnte die Dichotomie zwischen dem reinen Denken und körperlicher Leidenschaft oder Sinnlichkeit — die sich insbesondere mit der kartesischen Theorie des Geistes verband — zugunsten einer Sicht der Vernunft ab, die mit der Natur in engem Zusammenhang steht und von ihr angeleitet wird. Aber sein eigenes komplexes Arrangement von Vernunft, Leidenschaft und Geschlecht erzeugte seine eigenen Dichotomien — zwischen männlicher Vernunft und weiblicher Leidenschaft — die vermutlich auf der Differenz zwischen "gleichen", aber "komplementären" Charakteren basierten. Die komplementäre Beziehung zwischen dem männlichen und dem weiblichen Charakter wird in der Trennung des öffentlichen vom privaten Leben abgebildet; und die Verwandtschaft der beiden Bereiche stellt das Gedeihen einer wahrhaft natürlichen und überaus menschlichen Vernunft sicher. Die Inhalte, mit denen die Vernunft befaßt war, unterlagen ebenso wie ihr Verhältnis zur Natur der Veränderung, die Anordnung der männlichen und weiblichen Rollen um diese Begriffe herum blieb jedoch im wesentlichen gleich.

In Humes *Essays* werden die Frauen mit einer weitreichenderen Sphäre reflektierten gesellschaftlichen Umganges in Verbindung gebracht — mit einem städtischen, zivilisierten, gesellschaftlichen Leben in einer Weise, für die Rousseau nur Verachtung bekundete. In seinem Aufsatz "*Essay Writing*" assoziiert Hume die Frauen in heiterer Galanterie in vorteilhafter Weise mit der städtischen, kommunikativen im Gegensatz zur sterilen, gelehrten Welt.[8] Eine angemessene Anwendung des reflektierenden Denkens erfordert nicht den Rückzug aus dem "alltäglichen Leben und Gespräch", sondern vielmehr eine intensive Beschäftigung damit. In seinen Augen ist es ein Verdienst seiner Zeit, daß sie ein Bündnis zwischen der Welt der zwanglosen Unterhaltung und der Welt der Gelehrsamkeit haben entstehen sehen. Und die erstere ist seiner ironischen Aussage zufolge der besondere Bereich der Frauen.

Die kommunikative Welt ist weder der private Hafen domestizierter Leidenschaft, noch die niedere Welt, die wir in Hegels Darstellung des familiären Lebens kennenlernen werden, und die vom Lichte der Gesellschaft entfernt ist. Die weiblichen Gegenstände der ironischen Galanterie Humes befinden sich dennoch in einer Art zwielichtiger Zone. Sie haben weder einen Platz in den privaten Aktivitäten der bürgerlichen Gesellschaft, wo die männlichen Familienoberhäupter den Erwerb von Gütern und Besitztümern betreiben, noch bei der Schaffung Beibehaltung der moralischen Dimension der öffentlichen Gesellschaft, wo die private Gewinnsucht durch weitreichendere Formen des Eigeninteresses eingeschränkt ist. Beide Formen der Trennung des Öffentlichen und des Privaten sind in die schlimmen Formulierungen der Beziehungen zwischen der niederen Welt des Weiblichen und dem Licht des Tages sowie in die Ausbildung des weiblichen Geschlechtes durch Unterdrückung integriert worden.

Hegel: Die niedere Welt des Weiblichen

In seiner Diskussion der Familie in der *Phänomenologie des Geistes* zieht Hegel mehrere Themen zusammen, die wir bereits betrachtet haben: die Idee des Familienlebens als Zufluchtsort in das Besondere, die Unterscheidung zwischen privatem und öffentlichem Streben nach Macht und Reichtum, die Unterscheidung zwischen mehr oder weniger fortgeschrittenen Bewußtseinsstufen und die Unterscheidung zwischen dem "natürlichen" Gefühl und dem "allgemeinen" sittlichen Bewußtsein. Er fügt diesen Aspekten auch neue Gedanken hinzu, obwohl man sehen kann, daß sie ansatzweise bereits in Kants öffentlichem Raum der autonomen Rede enthalten sind: Die Trennung zwischen dem "Äußeren", als dem Reich des Wirklichen, und dem schattenhaften und immateriellen "Inneren", das seine Wirklichkeit nur mittels Sichtbarmachung findet. Und er stellt das Weibliche ausdrücklich mit der privaten Seite dieser angereicherten Trennung des Öffentlichen und des Privaten in eine Reihe.

Hegel setzt das weibliche Bewußtsein dem Leben in der Familie gleich, die eine primitive Stufe in bezug auf das selbstbewußtere Leben der bürgerlichen Gesellschaft darstellt.[9] Beide sind Teil des sittlichen Lebens, das ein frühes Stadium in der Entfaltung des Geistes im gesellschaftlichen, kulturellen und politischen Leben ausmacht; als Reaktion auf innere Spannungen geht das sittliche Leben in fortgeschrittenere Stadien der Selbstverwirklichung des Geistes — etwa in Recht und Gesetz — über. Diese inneren Spannungen nehmen die Form des Konfliktes zwischen menschlichem Recht, das mit der bürgerlichen Gesellschaft und den Menschen identifiziert wird, und göttlichem Recht an, das mit der Familie und der Frau identifiziert wird. Die Familie repräsentiert den unbewußten Begriff des Sittlichen im Gegensatz zu seiner selbstbewußten Existenz, die im weiträumigeren Leben der Gesellschaft verkörpert ist, wo das Sittliche "sich gestaltet und aufrecht erhält, indem es für das Allgemeine arbeitet".

Das sittliche Prinzip ist sowohl in der Familie als auch in der Gesellschaft wesentlich allgemein, indem es das Spezielle des bloßen Fühlens transzendiert. Insoweit also die Familie als Verkörperung des sittlichen Lebens aufgefaßt wird, enthält sie bereits Allgemeines. Der sittliche Charakter des Familienlebens wird jedoch abgelöst von der Beschäftigung der Familie mit einem Leben, das der Ehemann außerhalb der Familie führt, so daß das Sittliche in Hegels Ansatz von diesem außerhalb geführten Leben abhängig ist. Auf dem weiträumigeren, öffentlichen Schauplatz betreibt der Mann im Namen der Familie den Erwerb und die Unterhaltung von Macht und Reichtum; und diese öffentliche Tätigkeit übersteigt ihre Bedeutung für den privaten Gewinn des Einzelnen und seiner Familie. Das Unternehmen nimmt einen höheren Zweck an, der nicht innerhalb der Familie selbst angesiedelt ist, sondern beruft sich auf das wahre Allgemeine — die Gemeinschaft. In bezug auf die Familie spielt diese außerhalb ihres Bereiches stattfindende Betätigung des Mannes in der Tat eine negative Rolle "und besteht darin, den Einzelnen aus ihr herauszusetzen, seine Natürlichkeit und Einzelheit zu unterjochen und ihn zur *Tugend*, zum Leben in und fürs Allgemeine zu erziehen."[10]

Das göttliche Recht umfaßt durch seine Verkörperung mit der Familie die Pflichten und die Zuneigung gegenüber den Blutsverwandten. Hegel faßt dies alles unter dem Begriff der "niederen Welt" zusammen; und weil Frauen keine Bürger sind, ist sie auch der Bereich der Frauen. Für sie besteht keine Möglichkeit wirklicher Beteiligung an den Formen des Geistes, die über das Familienleben hinausgehen. Dies ist für Hegel nicht ein Problem des Ausschlusses der Frauen aus der sittlichen Ordnung. Das sittliche Leben findet in der Tat in der Familie statt; und trotz ihrer Beschränkung auf diesen Bereich können die Frauen sich eher mit dem Allgemeinen als mit dem

Besonderen des natürlichen Gefühls beschäftigen. Aber weil ihnen der Zugang zu jenem weitergehenden Bereich der selbstbewußten "Arbeit am Allgemeinen" fehlt, ist ihr sittliches Leben mit einer mißlichen Ausgangslage verknüpft, die sich für den Mann nicht ergibt.

> "Im Hause der Sittlichkeit ist es nicht *dieser* Mann, nicht *dieses* Kind, sondern *ein Mann, Kinder überhaupt*, — nicht die Empfindung, sondern das Allgemeine, worauf sich diese Verhältnisse des Weibes gründen. Der Unterschied seiner Sittlichkeit von der des Mannes besteht eben darin, daß es in seiner Bestimmung für die Einzelheit und in seiner Lust unmittelbar allgemein und der Einzelheit der Begierde fremd bleibt; dahingegen in dem Manne diese beiden Seiten auseinandertreten, und indem er als Bürger die *selbstbewußte* Kraft der *Allgemeinheit* besitzt, erkauft er sich dadurch das Recht der *Begierde* und erhält sich zugleich die Freiheit von derselben. Indem also in dies Verhältnis der Frau die Einzelheit gemischt ist, ist seine Sittlichkeit nicht rein; insofern sie aber dies ist, ist die Einzelheit *gleichgültig* und die Frau entbehrt das Moment, sich als *dieses* Selbst im Anderen zu erkennen."[11]

Hegels Aussage meint, daß, soweit in der Familie Beziehungen besonderer Art bestehen, die sich etwa auf diesen bestimmten Ehemann oder jenes konkrete Kind konzentrieren, diese nicht unbedingt sittlich sind. Im Gegensatz zu den Ehefrauen verfügen die Männer über einen zusätzlichen Betätigungsbereich, in dem sie "für das Allgemeine" arbeiten. Auf diese Weise kann ein Mann seine familiären Bindungen als vollkommen partikulär behandeln, ohne sein sittliches Leben dabei zu opfern. Eine Frau kann dagegen am sittlichen Leben nur insoweit teilhaben, als es ihr gelingt, die besondere Situation der familiären Beziehungen in sittliche, allgemeine Belange zu transformieren — für Ehemann und Kinder als solche und nicht nur für diese besonderen Personen. Was also für den Mann partikulär ist, ist allgemein und sittlich für die Frau. Und Hegel fährt fort aufzuzeigen, daß sich daraus Anlässe für unvermeidliche Konflikte zwischen Mann und Frau ergeben. Aus der Perspektive des Mannes handelt es sich dabei um Konflikte zwischen dem Sittlichen und dem bloß Einzelnen. Das familiäre Leben zieht ihn vom äußeren Reich des Allgemeinen zurück in das Einzelne, in seine besondere familiäre Situation. Für die Frauen nehmen die Konflikte dagegen die Form von Übergriffen an, die von außen an die sittlichen Belange der Familie herangetragen werden.

Es besteht also ein Konflikt zwischen den verschiedenen Verkörperungen der sittlichen Entwicklungsstufe des Geistes als "männliches" und als "weibliches" Bewußtsein. Nicht nur familiäre Belange, sondern auch das weibliche Geschlecht selbst wird zum Fein der größeren Gemeinschaft. Es muß folglich unterdrückt werden; und diese Unterdrückung ermöglicht nicht nur die Existenz der Gemeinschaft selbst, sondern macht auch das weibliche Geschlecht zu dem, was es ist. Die mit Familie und Frau assoziierte Bewußtseinsstufe existiert wie andere Zwischenstufen des Bewußtseins genau dadurch, daß sie transzendiert werden.

> "Indem das Gemeinwesen sich nur durch die Störung der Familieglückseligkeit und die Auflösung des Selbstbewußtseins in das allgemeine sein Bestehen gibt, erzeugt es sich an dem, was es unterdrückt und was ihm zugleich wesentlich ist, an der Weiblichkeit überhaupt seinen inneren Feind. Diese — die ewige Ironie des Gemeinwesens — verändert durch die Intrige den allgemeinen Zweck der Regierung in einen Privatzweck, verwandelt ihre allgemeine Tätigkeit in ein Werk dieses bestimmten Individuums und verkehrt das allgemeine Eigentum des Staates zu einem Besitz und Putz der Familie."[12]

Das männliche und das weibliche Bewußtsein teilen miteinander die komplexe gegenseitige Abhängigkeit zwischen bürgerlicher Gesellschaft und Familie, zwischen menschlichem und göttlichem Recht. Wie Hegel betont, folgt aus der Aufhebung der Familie nicht ihre Zerstörung; sie bleibt die Grundlage, Macht und Beglaubigung der nächstfolgenden Stufe, von der sie jedoch um ihrer eigenen Wirklichkeit willen abhängt.

> "Keins von beiden ist allein und für sich; das menschliche Gesetz geht in seiner lebendigen Bewegung von dem göttlichen, das auf Erden geltende von dem unterirdischen, das bewußte vom bewußtlosen, die Vermittlung von der Unmittelbarkeit aus und geht ebenso dahin zurück, wovon es ausging. Die unterirdische Macht dagegen hat auf der Erde ihre *Wirklichkeit*; sie wird durch das Bewußtsein Dasein und Tätigkeit."[13]

Ebenso bildet die Einheit von Mann und Frau den aktiven Mittelbegriff des Ganzen. Nur durch ihre Beziehung zum Mann ist die Frau Teil einer Aufwärtsbewegung von der "Unwirklichkeit in die Wirklichkeit, aus dem Unwissenden und Ungewußten in das bewußte Reich". Und durch sein Verhältnis zur Familie und zum Weiblichen ist der Mann mit der entsprechenden Abwärtsbewegung "der Wirklichkeit hinab zur Unwirklichkeit" konfrontiert.[14]

Innerhalb des familiären Lebens ist das sittliche Bewußtsein immer instabil und droht in bloß "natürliches" Gefühl zurückzufallen. Nach Hegel haben die Frauen als Schwestern von jüngeren oder älteren Brüdern die größte Aussicht darauf, die erforderliche Form des sittlichen Bewußtseins beizubehalten. Im Vergleich zu ihren Beziehungen zu Ehemann, Eltern oder Kindern kann das Verhältnis einer Frau zu einem Bruder frei von Leidenschaft oder von Kämpfen für oder gegen ihre Unabhängigkeit sein, die sie von ihrer eigentlichen Aufgabe der Ausbildung eines sittlichen Bewußtseins ablenken könnten. Sogar in diesem relativ freien Verhältnis zwischen Bruder und Schwester bleibt das sittliche Bewußtsein vage und schattenhaft im Vergleich zu den Leistungen, die der Bruder zu erbringen imstande ist, wenn er sich vom unmittelbaren, elementaren und daher streng genommen negativen sittlichen Leben der Familie löst, um "die ihrer selbst bewußte, wirkliche Sittlichkeit zu erwerben und hervorzubringen". Im Gegensatz zu einem solchen männlichen Selbstbewußtsein gilt:

> "Das Weibliche hat daher als Schwester die höchste *Ahnung* des sittlichen Wesens; zum *Bewußtsein* und der Wirklichkeit desselben kommt es nicht, weil das Gesetz der Familie das *ansich*seiende, *innerliche* Wesen ist, das nicht am Tage des Bewußtseins liegt, sondern innerliches Gefühl und das der Wirklichkeit enthobene Göttliche bleibt."[15]

Hegels Thema der gegenseitigen Abhängigkeit des "Inneren" und des "Äußeren" wurde zur Hauptbeschäftigung neuerer Behandlungen des Verhältnisses zwischen öffentlich geäußerten Gedanken und dem inneren Leben des Geistes. Innerhalb seines eigenen Systems hat es die Funktion, das weibliche Bewußtsein im Hinblick auf die "objektive" Existenz des männlichen Bewußtseins in der realen Welt als abgeleitet zu betrachten. Da bei Hegel das Weibliche in eleganter Weise in fortgeschritteneren Bewußtseinsformen enthalten ist, hängt der Status der Frau als rationales, vollkommen sittliches Wesen von ihrem Verhältnis zum Manne ab. Die Frau hat hier wie auch bei Rousseau keinen direkten Anteil an dem Drama, von dem ihr Sein abhängt. Ihr wahres Sein entfaltet sich nur kraft derjenigen Dinge, die in höheren Bewußtseinsstufen ihren Status überwinden.

Hegels Behandlung der Weiblichkeit ist ebenso wie Rousseaus Ansatz zweischneidig. Einerseits dient sie als rationale Erklärung des weiblichen Ausschlusses aus dem politischen Bereich. Die Frauen unterscheiden sich von den Männern wie "sich die Pflanzen von den Tieren unterscheiden", beliebt Hegel den Sachverhalt in den *Grundlinien der Philosophie des Rechts* auszudrücken. Das ihrer Entwicklung zugrundeliegende Prinzip sei mehr eine "vage Einheit des Gefühls" als die Fähigkeit zur Erfassung des Allgemeinen. Wenn Frauen das Ruder der Regierung in Händen hielten, so sei der Staat sofort in Gefahr.[16] Andererseits sind die Assoziationen dieser niedrigen Bewußtseinsstufe nicht gänzlich negativ. Hegel hatte nicht die Absicht, mit seinen Beschreibungen des weiblichen Bewußtseins die Frauen zu verstoßen. Die niedere Welt erschien ihm notwendig für das breiter angelegte gesellschaftliche Leben. Aus der Perspektive des Mannes gestattet ihre Existenz ihm, sich als völlig selbstbewußtes, sittliches Wesen zu entfalten, ohne dabei das natürliche Gefühl zu opfern. In der Tat können aus dieser Perspektive die Frauen als Wesen angesehen werden, die in mancherlei Hinsicht den Männern moralisch überlegen sind; tugendhafte Frauen formen aus dem wenig versprechenden Stoff des natürlichen Gefühls und der besonderen Beziehungen, der ihnen zur Verfügung steht, etwas genuin Sittliches und Allgemeines.

Das weibliche Geschlecht mag als Ironie des Staates gelten; aber Hegel sah die familiären Belange, für die es stellvertretend stand, auch als grundlegend für den Staat an. Sie sind nicht abzulehnen, sondern in einer höheren Synthese beizubehalten. Den Männern allein steht jedoch das Privileg zu, in beiden Richtungen darüber zu verfügen. Das "weibliche Geschlecht" konstituiert sich durch die männliche Beteiligung an den Familienbelangen als an einem partkulären Bereich, in den sie sich von ihren außerhalb stattfindenden Betätigungen zurückziehen können. Wie Hegels eigene Analyse der strukturellen Beziehungen zwischen Familie und bürgerlicher Gesellschaft sowie zwischen Mann und Frau verdeutlicht, ist die Funktion der Familie für die Frau eine ganz andere.

6
Der Kampf um Transzendenz

Einführung

In ihrem Buch *Das andere Geschlecht* beklagt Simone de Beauvoir, daß die Frauen sich keinen starken "Mythos geschaffen (haben), in dem sich ihre Entwürfe spiegeln"; und "selbst wenn sie träumen, tun sie es durch die Träume der Männer". Sie verknüpfte diesen Mangel gedanklich mit einem entscheidenden Versagen des Selbstbewußtseins, nämlich mit dem Versagen der Frauen, sich selbst als Subjekt zu setzen, und weiterhin mit ihrer stillschweigenden Duldung, in bezug auf die Männer als "Andere" zu gelten: "Zu jedem Mythos gehört ein Subjekt, das seine Hoffnungen und Ängste in einen überweltlichen Himmel projiziert."[1] Wir haben nun einige der Möglichkeiten kennengelernt, mit denen die Vernunftideale der abendländischen intellektuellen Tradition zu dieser mißlichen Lage der Frau beigetragen haben. Die allgemeine Abneigung der Frau, in einen überweltlichen Himmel hinaufzureichen, beruht nicht nur auf praktischen, sondern auch auf begrifflichen Hindernissen. Der Status der Männlichkeit wird als solcher als Errungenschaft angesehen, und dies in einer Weise, die für die Weiblichkeit nicht gilt. Frauen haben nur auf Kosten ihrer jeweils kulturell definierten Weiblichkeit Anteil an diesen Idealen. Und diese Definitionen überschneiden sich mit Formulierungen der Unterscheidung zwischen öffentlichem und privatem Leben in einer Weise, die zur Bildung unseres Verständnisses von Weiblichkeit als einer Ergänzung zur männlichen Vernunft beigetragen hat — eine Domäne "natürlicher" Belange und Merkmale, der die Männer entwachsen, um zu einer den Frauen vorenthaltenen Mündigkeit zu streben.

Simone de Beauvoir sah das Ideal für die Frauen in der Loslösung von der "Immanenz", in der sie bisher begangen waren, um damit ihre eigene Transzendenz erlangen zu können — den Status der Selbstbestimmung und Selbstrechtfertigung mittels frei gewählter Entwürfe und Taten. Die Frauen sollten zu freien Bewußten werden, die weit über der Immanenz des Lebens stünden. Dieses Ideal lehnt sich an Sartres Existentialismus an, wie er ihn in seinem Werk *Das Sein und das Nichts* darlegt. Aber es leitet sich auch aus Hegels Behandlung des Selbstbewußtseins in der *Phänomenologie des Geistes* ab, wie sie aus der Sicht Sartres vermittelt wird. Bei Hegel wird das Fürsichsein erreicht, indem das Untertauchen des gedankenlosen Bewußtseins im bloßen Leben überwunden wird; es handelt sich dabei um einen Prozeß, bei dem es nicht ohne Kampf abgeht — dieser Kampf erwächst aus den konfliktgeladenen Beziehungen der gegenseitigen Anerkennung zwischen verschiedenen Bewußtseinsebenen. Dieses Thema bildet einen Hauptaspekt in der Konzeption des "Andersseins", wie sie von Simone de Beauvoir in *Das andere Geschlecht* als grundlegendes Merkmal der Frau vorgestellt wird: Die besondere Weise, in der ein mutmaßlich freies und autonomes weibliches Wesen sich genötigt sieht, den Status des Anderen im Hinblick auf ein *alter ego* anzunehmen, das essentiell und souverän ist.[2] In diesem Sinne stabilisiert sich die Frau als "Andere" und damit als

Objekt, das zur "Immanenz" verurteilt ist; ihre Transzendenz wird überschattet und wiederum transzendiert von einem anderen Bewußtsein.

In diesem Kapitel möchte ich Simone de Beauvoirs Diagnose der Situation der Frau bis zu ihren Ursprüngen in der Philosophie Hegels zurückverfolgen. Dabei werden wir einige Spannungen in ihrem Ideal der *weiblichen* Transzendenz deutlich erkennen; ebenso werden wir einen weiteren Beleg dafür finden, wie allgegenwärtig der Einfluß früheren philosophischen Denkens noch auf zeitgenössische Charakterideale ist, und dies sogar dort, wo solche Ideale ausdrücklich dafür stehen, geschlechtsspezifische Vorurteile zurückzuweisen.

Hegel: Das Selbstbewußtsein als Errungenschaft

Hegel dramatisierte die Entstehung des Selbstbewußtseins in seiner berühmten Geschichte des Kampfes zwischen Herrn und Knecht in der *Phänomenologie des Geistes*.[3] Diese Geschichte weist in mancherlei Hinsicht Parallelen mit der oben bereits diskutierten Darstellung der Entstehung des sittlichen Lebens aus seiner unbewußten Form auf, die später in seinem Werk ausgeführt wird. Das überdauernde Selbstbewußtsein erwächst aus weniger weit fortgeschrittenen Stufen in der Entfaltung des Geistes. Zwei Aspekte der Hegelschen Behandlung dieses Themas sind für unsere Zwecke von Bedeutung: sein Verständnis der Beziehung zwischen Selbstbewußtsein und Leben sowie sein Anspruch, daß das überdauernde Selbstbewußtsein im Kampf zwischen Bewußtseinsformen den Sieg davongetragen haben muß.

Hegel nennt diese Bewußtseinsstufe die "Gewißheit seiner selbst" und charakteristischerweise definiert sie sich im Gegensatz zum Leben als ihrem Gegensatz. Primitivere Bewußtseinsstufen bestanden in der Wahrnehmung genau festgelegter, aber statischer Objekte, die äußeren Gesetzen folgten. Im Gegensatz dazu ist die Stufe der Selbstgewißheit mit dem Wissen um organische, lebende Dinge verbunden. Sie erfaßt sich selbst als Transfer des Lebens und wird wahrgenommen als eine unendliche Einheit von Unterschieden. Sie versteht das Leben nicht als etwas, das sich in irgendeiner der besonderen, genau festgelegten Formen erschöpft, die das Leben annehmen kann. So verknüpft sich auch das Selbstbewußtsein mit einem Bewußtsein der Möglichkeit des Todes; und es bedeutet auch, daß das Selbstbewußtsein nicht die Form der bloßen Wahrnehmung der Dinge, sondern die Form der Begierde annimmt. Dieser Übergang bildet die Grundlage für Hegels Anspruch, daß das Selbstbewußtsein ständig in einen unvermeidbaren Kampf zwischen Bewußtseinsformen verwickelt ist.

Nach Hegel erfordert das Selbstbewußtsein Intersubjektivität. Ein isoliertes Bewußtsein ist nicht dazu in der Lage, das Selbstbewußtsein in seinen Bestrebungen zu stützen. Es kann sich seiner selbst nur dadurch bewußt werden, indem ihm Bewußtsein als äußeres Objekt gegenübergestellt wird. Da aber diese Stufe des sich entwickelnden Bewußtseins die Form der Begierde annimmt, bildet sich ein Widerspruch. Das zutage tretende Ich erkennt, daß der Gegenstand seiner Begierde unabhängig von ihm ist. Das Objekt ist ein "Anderes" und sein Anderssein muß überwunden werden, wenn die Wahrheit der Selbstgewißheit — ein bestehendes Erfassen des Ich als in der Welt gegenwärtig — erreicht werden soll. Wie Hegel merkwürdigerweise beobachtet, agieren sogar die niedrigeren Lebensformen in Übereinstimmung mit diesem Bedürfnis, das Andere in dem Bestreben zu überwinden, es zu einem Teil ihrer selbst zu machen; sie verschlingen das, was sie von der Welt benötigen. Für vollkommen selbstbewußte Wesen ist die Einverleibung jedoch eine weit komplexere Aufgabe als das Essen. Das Selbstbewußtsein ist seiner selbst gewiß nur dadurch, daß es das Andere durch Aufhebung seines Andersseins überwindet. Die Befriedigung von Begierde überwindet das unabhängige Anderssein. In der Zerstörung der Unabhängigkeit des Anderen vergegenständlicht ein Ich sein eigenes Selbstbewußtsein als in der Welt gegenwärtig. Aber dies kann jetzt als selbstzerstörerisches Unternehmen angesehen werden; denn das Wesen des Selbstbewußtseins setzt voraus, daß ein unabhängiges Anderes existiert, das so zu überwinden ist. Mit der Einverleibung des Anderen löst sich das Selbstbewußtsein in Ermangelung eines ihm äußerlichen Bewußtseins auf, in dem sein eigenes Wesen sich widerspiegeln könnte.

Hegel schließt daraus, daß, wenn das Selbstbewußtsein in seinem Bestehen bestätigt werden soll, das ihm gegenübergestellte Objekt die erforderliche Negation in sich selbst bewirken muß. Das heißt, es muß zulassen, einverleibt zu werden, ohne dabei seine Existenz aufzugeben. Dies kann jedoch ausschließlich durch die Anerkennung eines Bewußtseins durch ein anderes erreicht werden: "Das Selbstbewußtsein erreicht seine Befriedigung nur in einem anderen Selbstbewußtsein." Das Bewußtsein findet hier "seinen Wendungspunkt, auf dem es aus dem farbigen Scheine des sinnlichen Diesseits und aus der leeren Nacht des übersinnlichen Jenseits in den geistigen Tag der Gegenwart einschreitet."[4]

Wenn das Selbstbewußtsein bestehen soll, so muß es in einem Anderen mit sich selbst konfrontiert werden; es kann kein Selbstbewußtsein ohne Bewußtsein des Anderen geben. Aber dieses gegenseitige Bedürfnis der Anerkennung durch den Anderen erfordert, daß ein jedes sich seiner eigenen Negation verpflichtet, um die Selbstgewißheit des jeweils Anderen zu stützen. Dies wiederum bedeutet in Hegels Worten: "Das Verhältnis beider Selbstbewußtseine ist also so bestimmt, daß sie sich selbst und einander durch den Kampf auf Leben und Tod *bewähren*."[5] Der Kampf endet möglicherweise mit dem

Tod einer der beiden Antagonisten. Das interessantere Ergebnis, das einen Übergang zu reicheren Bewußtseinsformen ermöglicht, ist jedoch das Überleben beider, wobei allerdings das eine sich dem anderen unterwirft. Beide haben ihr Leben eingesetzt, und, indem sie die Todesfurcht durchlebt haben, eine Bewußtseinsform erlangt, die über die bloße Inanspruchnahme durch die Unmittelbarkeit des Lebens hinausgeht. Sie sind sich nun des Lebens als einer Größe bewußt geworden, die sich nicht in einer der einzelnen, bestimmten Formen erschöpft, die es annimmt. Hegels Selbstgewißheit gründet auf diesem losgelösten Bewußtsein; anders als die niederen Bewußtseinsformen wird es weniger vom Leben absorbiert, sondern steht vielmehr über ihm. Aber die zwei Bewußtseine in Hegels Darstellung werden in unterschiedlicher Weise durch die von ihnen durchlebte Todesfurcht geprägt. Sie überleben als unterschiedliche Arten von Selbstbewußtsein: als Herr und Knecht.

Es zeigt sich nun, daß aus der Sicht des Herrn die Existenz des unterworfenen Bewußtseins nicht länger dem Zweck dient, für den es benötigt wurde. Das Bestehen des Selbstbewußtseins sollte durch die Befriedigung der Begierde nach Anerkennung gewährleistet werden; aber das Ergebnis des Kampfes ist eine einseitige und ungleiche Anerkennung. Das Objekt, in dem der Herr seine Herrschaft besiegelt hat, ist nicht ein unabhängiges Bewußtsein, sondern ein serviles, in dem er sich nicht wiedererkennen kann; die erforderliche Reflexion des unabhängigen Bewußtseins ist entstellt durch die Unterwerfung, die Bedingung ihrer Aneignung war. Trotz seines Sieges hat der Herr daher kein äußeres Objekt gefunden, in dem sich sein freies, unabhängiges Bewußtsein widerspiegeln und folglich sein Bestehen sichern kann. Die Art von Anerkennung, die er vom Knecht erhält, ist in der Tat von Nachteil für das Projekt, dem Selbstbewußtsein sein Bestehen als freies, unabhängiges Bewußtsein zu sichern. Die Selbstgewißheit des Siegers ist erneut bedroht. Und dies ist noch nicht alles, was dem Herrn den Sieg verleidet. Seine Beziehung zu den Dingen ist durch die Arbeit des Knechtes an ihnen nur noch vermittelter Natur. Dadurch ist ihm genau das entzogen, was für den Knecht die letztendlich erfolgreiche Veräußerung des Ich unter Beweis stellt — die Fähigkeit, die Dinge des Lebens zu bearbeiten und ihnen so die eigene Form aufzunötigen.

Eine entsprechende Umkehrung zeigt sich im Schicksal des abhängigen Bewußtseins des Knechtes. Während die veräußerlichte Wahrheit des Selbstbewußtseins beim Herrn in dem dienenden Bewußtsein des Knechtes besteht, veräußerlicht sich der Knecht im freien Bewußtsein des Herrn — zumindest so lange, wie sein freies Bewußtsein bestehen bleibt. Dadurch, daß er gezwungen wird, die Dinge zu bearbeiten, wird der Knecht darüber hinaus in die Lage versetzt, seine unmittelbare Beziehung zur Welt in eine selbstbewußte Wahrnehmung derselben zu überführen. Die bloße Bearbeitung der Dinge unter Umgehung des Kampfes um Leben und Tod hieße dagegen, daß das Bewußtsein in die Unmittelbarkeit der minderen Bewußtseinsformen verstrickt bliebe. Der Knecht hat jedoch die Todesfurcht durchlebt, die alles, was in seiner Welt stabil war, bis auf die Grundfesten erschüttert hat. Er ist sich des Lebens als einer Größe bewußt geworden, die sich nicht in den unmittelbaren und einzelnen, flüchtigen Erfahrungsmomenten erschöpft. Die Arbeit selbst wird nun zu einer Möglichkeit der tatsächlichen Kontrolle der Auflösung von Stabilität und der Überarbeitung des natürlichen Seins in der dem Arbeiter eigentümlichen Form. Die Begierde wird unter Kontrolle gehalten und die Flüchtigkeit wird vernichtet. Indem der Knecht die Dinge formt und gestaltet, erlangt sein Bewußtsein etwas, das der Aufmerksamkeit des Herrn entgeht — ein Element von Beständigkeit; er entdeckt sich selbst in den Formen wieder, die seine Arbeit den Dingen aufzwingt. Das Bestehen des Selbstbewußtseins verlangt nach einem Außer-sich-Sein des Ich, so daß sich die Möglichkeit für das Ich eröffnet, sich selbst in der äußeren Welt wiederzufinden. Ohne eine solche Vergegenständlichung bleibt das Selbstbewußtsein unbedeutend und droht, in die Versenkung des Lebens zurückzufallen.

Der Gegensatz zwischen der Veräußerlichung des Ich, daß das Bestehen des Selbstbewußtseins ermöglicht, und dem ausschließlichen Vertieftsein in das Leben, das kein stabiles Selbstbewußtsein stützen kann, wiederholt sich in Hegels Diskussion des menschlichen und des göttlichen Gesetzes. Der Zugang zum weitergehenden Leben in der Gesellschaft außerhalb der Grenzen des familiären Lebens unterstützt das selbstbewußte sittliche Leben. Es erfordert eine Veräußerlichung in ein äußeres Reich hinein, das außerhalb der besonderen Gegebenheiten des Familienlebens angesiedelt ist. Sofern diese Veräußerlichung unterbleibt, verharrt das sittliche Bewußtsein in Bedeutungslosigkeit und Instabilität, und es droht in nur natürliche Gefühle zurückzugleiten. Insofern er nicht Bürger ist, sondern der Familie angehört, ist das Individuum, wie wir an anderer Stelle gesehen haben, nur ein unwirklicher, machtloser Schatten.

Wie müssen wir im Lichte der hegelschen Behandlung der Beziehungen zwischen Mann und Frau die Implikationen der an früherer Stelle erscheinenden Geschichte des Herrn und des Knechtes verstehen? Ich schlage vor, daß die beiden Kämpfe zwischen Herrn und Knecht sowie zwischen Mann und Frau im Zusammenhang miteinander gesehen werden sollten. Jede der beiden Darstellungen erhellt die andere und sie stehen miteinander in Beziehung durch das gemeinsame Thema des Bestehens von Selbstbewußtsein. Das Selbstbewußtsein steht in engem Zusammenhang mit der Loslösung von dem Vertieftsein ins Leben (die erreicht wird, indem man die Todesfurcht überlebt) und von der Loslösung von seinen partikulären, vergänglichen Verbindungen. Und das selbstbewußte, sittliche Leben wird ebenso mit einer Loslösung von der

Familie in Verbindung gebracht, die — jedenfalls aus männlicher Sicht — gleichfalls mit dem Einzelnen verbunden ist.

Wesentlich ist hier nicht, daß den Mann außerhalb der Bindungen des Familienlebens ein Kampf um Leben und Tod zur Erringung von Anerkennung erwartet, aus dem ein Verhältnis vom Herrn zum Knecht hervorgeht. Die beiden Darstellungen überschneiden sich nicht in dieser Weise. Wenn der Mann die Beschränkungen des familiären Lebens verläßt, befaßt er sich mit zivilisierten Aktivitäten in Verbindung mit dem Erwerb und der Beibehaltung von Macht und Reichtum. Trotzdem lassen sich beide Geschichten aufeinander abbilden. Die Geschichte vom Herrn und vom Knecht beschreibt einen Kampf um Herrschaft zwischen Bewußtseinen, die darauf bedacht sind, Anerkennung so zu erfahren, daß sie das Bestehen der Selbstgewißheit gewährleistet. Der rechte Ort eines überdauernden Fürsichseins ist nicht für Liebesbeziehungen in Verbindung mit natürlicher Zuneigung geeignet, vielmehr findet ein Machtkampf statt, der in der Fähigkeit zur Loslösung von der bloßen Lebenstätigkeit aufgeht. Die Frauen befinden sich außerhalb dieses Dramas; sie gehören in eine andere, innere Domäne, die nicht primär mit dem Bestehen eines Selbstbewußtseins verbunden ist. Der Kampf zwischen Herrn und Knecht schließt nicht explizit die Geliebte oder die Magd aus. Aber im Lichte der in späteren Abschnitten folgenden Diskussion Hegels über die Rolle der Frauen scheinen Beiklänge von Männlichkeit auch hier nicht zufällig zu sein. Der Kampf um das Bestehen des Selbstbewußtseins ist tatsächlich ein Kampf zwischen dem männlichen Ich und dem Anderen. Die Frauen passen — zumindest in eigener Sache — weder als Herrinnen noch als Mägde in diese Dialektik. Man billigt ihnen jedoch einen Anteil an der Siegesbeute zu. Wie wir bereits gesehen haben, sind sie durch ihre Beziehung zu den Männern Teil der Aufwärtsbewegung hin zu einer selbstbewußten Existenz. Wir sollten daher auf manche Merkwürdigkeit gefaßt sein, wenn wir versuchen, die Anerkennungsbeziehungen zwischen dem Ich und dem Anderen bei Hegel auf das Verständnis der Lage der Frau anzuwenden. Und wie wir sehen werden, scheinen sich einige rätselhafte Merkmale der Analyse der mißlichen Lage der Frau bei Simone de Beauvoir in der Tat aus der zugrundeliegenden Männlichkeit der ursprünglichen, hegelschen Konfrontation von Bewußtseinen abzuleiten. Die Anwendung der Philosophie Hegels bei Simone de Beauvoir ist jedoch nicht der ursprünglichen Version, sondern der Bearbeitung Sartres in *Das Sein und das Nichts* entnommen, die sich von Hegel in einigen wichtigen und relevanten Punkten unterscheidet.[6]

Sartre und Simone de Beauvoir: Frauen und Transzendenz

Sartres Version der Darstellung von Herrn und Knecht betont das Thema der wechselseitigen Anerkennung. Das Endstadium der Version Hegels — die Veräußerlichung des Ich durch Arbeit — fällt bei ihm völlig weg. Darüber hinaus entstellt Sartre die hegelsche Beschreibung des Kampfes um Anerkennung. Der Machtkampf wird zu einem Kampf zwischen miteinander konkurrierenden "Blicken". Diese Sicht versetzt Sartre in die Lage, seine eigenen existentialistischen Betrachtungen von Freiheit und von der Transzendenz bestimmter Situationen in die hegelsche Konfrontation zwischen Bewußtseinen einzubringen. Sartres Version zufolge kann nur einer der beiden Antagonisten im Kampf um Leben und Tod der Schauende sein; der Andere muß der Angeschaute sein. Wenn der Schauende Subjekt ist, wird der Angeschaute zum Objekt. Wenn ich also wahrnehme, daß ich angeschaut werde, kann ich daraus niemals ein Gefühl für mich selbst als Subjekt ableiten. Durch diese Erfahrung bin ich mir meiner selbst weniger als subjektives Wesen, sondern eher als vergegenständlichtes Ich — als

"Ich für andere" — bewußt. Für Sartre besteht keine Möglichkeit der wechselseitigen Anerkennung zwischen transzendenten Ichs. Der Blick verwandelt sein Objekt in einer "radikalen Metamorphose" aus einem transzendenten Wesen in ein herabgesetztes Bewußtsein. Sartre bringt den entscheidenden Punkt hier in einem höchst beschwörenden Abschnitt zum Ausdruck, indem er die Gegensätze zwischen der Erfahrung, jemanden anzuschauen, der mich nicht anschaut, und der Erfahrung, selbst angeschaut zu werden, beschreibt.[7]

Ich stelle mir vor, ich sei in einem öffentlichen Park. Nicht weit entfernt von mir sehe ich einen Rasen, der von Bänken gesäumt ist. Ich nehme sie wahr, als seien sie auf mich zu gruppiert. Aber dann geht ein Mann an jenen Bänken vorbei, und die Gegenstände erhalten eine Orientierung, die mich flieht. Ich erfahre eine "Reorganisation des Raumes". Ich bin mir einer Räumlichkeit bewußt, die nicht meiner Kontrolle unterliegt: "So ist plötzlich ein Gegenstand sichtbar geworden, der mir die Welt gestohlen hat." Die Zentrierung der Welt, die ich als Wahrnehmender bewirke, ist untergraben: „alles ist von einem unsichtbaren und regungslosen Ausrinnen auf einen neuen Gegenstand hin durchwaltet". All dies ist aber in meiner zentralen Sicht der Szene enthalten. Der Mann, der den "inneren Blutsturz" meiner Welt bewirkt, ist selbst Gegenstand meiner räumlichen Organisation. Das Ausbluten meiner Welt verläuft kontrolliert und lokal. Sein Blick, der auf andere Gegenstände gerichtet ist, ist selbst in meiner Welt enthalten. Die Situation ändert sich grundlegend, wenn er nun mich anschaut; sein Blick kann nicht länger als Gegenstand in einer Welt enthalten sein, deren Zentrum mein eigener Blick ist.

Sartre leitet daraus die Schlußfolgerung ab, daß wir einen Blick, der auf uns gerichtet ist, nicht als Objekt wahrnehmen können; Objekt muß entweder der eine oder der andere sein. Wenn wir einen Blick wahrnehmen, der auf uns gerichtet ist, so bedeutet das gerade nicht, daß wir einen Gegenstand erkennen; vielmehr erlangen wir so das Bewußtsein, angeblickt zu werden. Und diese Erfahrung ergibt den Anderen im Sinne Sartres. "Der Andere ist im Prinzip derjenige, der mich anschaut.“ Der Blick, der ein Gefühl für den Anderen eröffnet, muß nach Sartre nicht "das Zusammenlaufen zweiter Augäpfel in meiner Richtung“ sein. Es kann das Rascheln von Zweigen sein, der Klang von Fußtritten, gefolgt von Stille, das Öffnen von Fensterläden, die Bewegung einer Gardine. Dieses Gefühl, beobachtet zu werden, ist wesentlich für Gefühle wie Scham. Wenn ich eifersüchtig hinter einer Tür lausche und Fußtritte hinter mir höre, so schäme ich mich, wodurch ich mir meiner selbst als Objekt dem anderen gegenüber bewußt werde. Die unmittelbare Wirkung dieses Bewußtseins ist die Verneinung meiner Transzendenz, so daß ich auf einen bestimmten Charakter festgelegt werde. Der Blick des Anderen schreibt meine Möglichkeiten fest. Indem ich meine Transzendenz verneine, spricht sie mir die Freiheit ab. Ich bin in Gefahr, und zwar in einer Gefahr, die nicht zufällig ist, sondern in der sich die permanente Struktur meines Seins für Andere zeigt.[8] Während das Bewußtsein des Herrn die Transzendenz aller bestimmten Situationen beibehält, versinkt das Bewußtsein des Knechtes im Festgelegten. In Hegels Version der Geschichte durchleben beide Bewußtseine die Todesfurcht; und die Freiheit, die dies mit sich bringt, befähigt später den Knecht, das Ich mittels Arbeit in die Außenwelt zu verlagern. In Sartres Version liegen die Vorteile dafür, das Leben riskiert und die Todesfurcht durchlebt zu haben, ausschließlich beim Herrn. Sie wohnen der Art des Ich inne, das er nun als Wesen wahrnimmt. Meine Existenz als selbstbewußtes Wesen hängt für Sartre nicht einfach von der Anerkennung des Anderen ab, sondern welche Art von Ich der Andere in mir als gegeben anerkennt: "So wie ich dem Anderen erscheine, so bin ich.“ Soweit der Andere mich also als an einen Körper gefesselt und in ein Leben eingebunden wahrnimmt, bin ich selbst nur ein Anderer. Wenn ich dafür sorgen will, daß der Andere mich anerkennt, muß ich mein eigenes Leben wagen. "Wenn man sein Leben wagt, so bedeutet das, daß man sich selbst als nicht eingebunden in die objektive Form oder in eine beliebige determinierte Existenz offenbart." Sartres knechtisches Bewußtsein verharrt im Leben als etwas, das zu kostbar ist, um seinen Verlust zu riskieren; der Herr dagegen befreit sich, indem er sein Leben wagt und auf den Tod gefaßt ist, um so über dem Leben zu stehen und nicht mehr durch die Besonderheit seiner Situation eingeschränkt zu sein. Sartres Version der Geschichte drückt seine eigene existentialistische Vorliebe für die Thematik der absoluten Freiheit aus, mit der die Transzendenz jeder bestimmten Situation erlangt werden kann; und dieser Aspekt erhält bei Simone de Beauvoir eine entscheidende Bedeutung in der Anwendung dieses Denkrahmens auf die Lage der Frauen. "Ich habe mein Leben gewagt", triumphiert der Herr bei Sartre. Dagegen bleibt der Andere

> "an die äußerlichen Dinge überhaupt gebunden; er erscheint mir und erscheint sich selbst als *wesenlos*. Er ist der *Knecht* und ich bin der *Herr*; für ihn bin ich das Wesen."[9]

Das knechtische Bewußtsein bei Sartre umfaßt also einen Sturz aus der Freiheit in die Gegenständlichkeit. Der Blick des Herrn transformiert seinen Gegenstand in ein erniedrigtes Bewußtsein. Für Sartre steckt jedoch etwas grundsätzlich Falsches in dieser Vergegenständlichung. Ich kann letzten Endes nicht meiner Transzendenz enthoben werden; denn darin wäre eine Entfremdung meines Ich enthalten. Der Andere setzt mich nicht als Gegenstand für mich selbst, sondern nur für sich; aber ich kann nicht von mir selbst entfremdet werden. Der Macht des Blickes des Anderen, die mich ihm zum Gegenstand macht, kann im Prinzip immer widerstanden werden. Meine absolute Freiheit als Subjekt kann mir letzten Endes nicht abgesprochen werden. Der Widerstand gegen den vergegenständlichen Blick des Anderen ist für Sartres Version des Kampfes um Leben und Tod zwischen rivalisierenden Existenzen zentral. Jedes kämpft um die Beibehaltung der Freiheit, indem es sich das Andere zum Gegenstand macht. Es ist unmöglich, daß beide gleichzeitig frei sind und das "Fürsichsein" des jeweils Anderen anerkennen. Sartres Antagonisten kämpfen also um die Rolle des Schauenden. Jedes Bewußtsein weist den vergegenständlichenden Blick des Anderen zurück, denn es weigert sich, auf das eingeschränkt zu werden, als das es als seiend wahrgenommen wird. Das Individuum, wie Sartre es definiert, ist wesentlich mit diesem konstanten Wegdrehen vom Versuch des Anderen befaßt, seine Möglichkeiten festzuschreiben, indem er mich als Objekt wahrnimmt; es umfaßt ein ständiges Übertreffen von festgelegten oder "toten" Möglichkeiten. Das wahre Ich ist nach Sartre "ewiger Mittelpunkt unbegrenzter Möglichkeiten"; es weigert sich, als Objekt erkannt zu werden. Und dies ist das Ideal, das von Simone de Beauvoir in *Das andere Geschlecht* übernommen wird.

Simone de Beauvoir über die Frau als Andere

Die Idee der Frau als der Anderen wird von Simone de Beauvoir in einer Terminologie formuliert, die sich an Sartres Machtkampf um Leben und Tod zwischen Schauendem und Angeschautem formuliert. Es kann immer nur einen Schauenden im Sinne Sartres geben; der Andere muß der Angeschaute sein. Simone de Beauvoir wandte diesen Punkt auf die Analyse der Situation der Frau an und führte dabei zwei Variationen der Version Sartres an. Die erste Version besteht darin, daß hinsichtlich der Beziehungen zwischen den Geschlechtern ein Geschlecht permanent die privilegierte Rolle des Schauenden spielt; der Andere ist immer der Angeschaute. Zum Zweiten schickt sich die eine Seite im Kampf zwischen feindlichen Existenzen bereitwillig in ihre Niederlage. Die Frauen sind am Kampf beteiligt, aber sie sind irgendwie keine ernstzunehmenden Gegner. Anders als beim ursprünglichen Kampf zwischen Herrn und Knecht, aus dem sich ihre Darstellung ableitet, besteht das Ergebnis hier nicht wirklich in einer "Unterwerfung". Die Frauen haben sich selbst unterworfen und bilden so das permanente Andere.

In Sartres Kampf sind zwei Existenzen im wechselseitigen Kampf der brennenden, kompromißlosen Blicke eng miteinander verbunden. Das Ergebnis ist ungewiß, obwohl eine zwangsläufig untergehen muß. In Simone de Beauvoirs Anwendung dieses Modells auf die Geschlechtertrennung schickt sich die Frau in ihre Rolle als vergegenständlichte Andere. Die Frauen nehmen ihre eigene Vergegenständlichung hin und sind sogar noch über das Arrangement beglückt.

> "Wenn sie sich weigern, das Andere zu sein, das Einverständnis mit dem Mann verleugnen, verzichten sie auf alle Vorteile, welche die enge Verbindung mit der herrschenden Kaste ihnen gewähren kann. Solange der Mann gleichsam der Lehnsherr ist, wird er für die Frau als seine Lehnsmännin in materieller Hinsicht sorgen, und gleichzeitig übernimmt er, ihr Existenzberechtigung zu geben; so entgeht sie zugleich dem wirtschaftlichen Risiko und dem metaphysischen einer Freiheit, die ihre Zwecke selbständig finden müßte."[10]

Simone de Beauvoir führt aus, wodurch dieses außerordentliche Arrangement für Frauen reizvoll gemacht wird und sie benutzt dazu wiederum Sartres Ansatz der Erfordernisse der Freiheit. Die Bedingung des weiblichen Seins wird als permanenter Status des "schlechten Glaubens" Sartres interpretiert, in der die Frauen sich damit abfinden, vergegenständlicht zu werden unter gleichzeitiger Verneinung ihrer Transzendenz. Diese Bedingung sowie ihre ideale Alternative werden im Sinne der Immanenz und Transzendenz ausgedrückt.

> "Jedes Subjekt setzt sich konkret durch Entwürfe hindurch als eine Transzendenz; es erfüllt seine Freiheit nur in einem unaufhörlichen Übersteigen zu anderen Freiheiten, es gibt keine andere Rechtfertigung der gegenwärtigen Existenz als ihre Ausweitung in eine unendlich geöffnete Zukunft. Jedesmal, wenn die Transzendenz in Immanenz verfällt, findet ein Absturz der Existenz in ein Ansichsein statt, der Freiheit in Faktizität; dieser Absturz ist ein moralisches Vergehen, wenn er vom Subjekt bejaht wird; ist er ihm auferlegt, so nimmt er die Gestalt einer Entziehung und eines Druckes an; in beiden Fällen ist er ein absolutes Übel. Jedes Individuum, das die Sorge hat, seine Existenz zu rechtfertigen, empfindet diese als ein unendliches Bedürfnis, sich zu transzendieren. Was aber nun auf eine eigenartige Weise die Existenz der Frau begrenzt, ist, daß sie, obwohl wie jedes menschliche Wesen eine autonome Freiheit, sich entdeckt und sich wählt in einer Welt, in der die Männer ihr auferlegen, sich als das Andere zu sehen: man bemüht sich, sie zu einem Ding erstarren zu lassen und sie zur Immanenz zu verurteilen, da ja ihre Transzendenz unaufhörlich von einem anderen essentiellen und souveränen Bewußtsein überstiegen wird."[11]

Viele zeitgenössische Leser von *Das andere Geschlecht* werden der Transzendenz Sartres als einem menschlichen Ideal mit Zurückhaltung begegnen, und dies unabhängig von den Einschränkungen, die es als feministisches Ideal vielleicht hat. Kann ein beliebiger Wille wirklich so frei sein, wie Sartre es voraussetzt? Und sollen wir uns wirklich wünschen, ein transzendentes Ich zu verwirklichen, das in triumphierenden Willensbekundungen unter Mißachtung aller offensichtlichen Determiniertheit unserer Situation umherspringt? Das Ideal der radikalen Freiheit und die damit verknüpfte Idee des schlechten Glaubens kann in mancherlei Hinsicht auch als zusätzliche Bürde der Selbstbezichtigung für solche Männer oder Frauen angesehen werden, die sich in einer bedrückenden Lage gefangen sehen. Die Fragen, die ich jedoch an dieser Stelle formulieren möchte, betreffen das konkrete Problem, was aus den Analysen des Selbstbewußtseins bei Hegel und Sartre in der Darstellung der mißlichen Lage der Frau bei Simone de Beauvoir wird.

Zunächst möchte ich betonen, was meiner Ansicht nach ein positives Merkmal ihrer Verwendung des ursprünglich hegelschen Denkrahmens in der Interpretation Sartres ist. Simone de Beauvoir bezieht sich natürlich nicht ausdrücklich auf Hegels Behandlung der Rolle der Frau. Aber ihre eigene Darstellung der weiblichen Lage kann dennoch als Aufdeckung der inneren Spannung in Hegels Position gewertet werden. Hegel betrachtete die Frauen nicht als Wesen, denen der Status geistiger Subjekte abzusprechen wäre. Es ist richtig, daß er sie in gewissem Sinne als Wesen ansah, die der Natur enger verbunden waren als die Männer: Die Form des sittlichen Lebens, mit denen sie in Verbindung gebracht werden, ist eine weniger weit entwickelte Form des Geistes als die der Männer. Trotzdem wird sie als genuin ethisch angesehen. Die Frauen haben in der Tat Anteil an den fortgeschritteneren Stufen des Geistes; wie wir gesehen haben, geschieht dies in einer merkwürdig nachempfundenen Weise durch ihre Beziehungen zu den Männern.

Im Gegensatz dazu sind für Simone de Beauvoir wie für Sartre die Bedingungen des Fürsichseins völlig unvereinbar. Diese Bedingungen erfordern nichts weniger als das tatsächliche Engagement für "Entwürfe" und "Heldentaten". In Ermangelung solcher Aktivitäten werden menschliche Subjekte in bloße Immanenz zurückgeworfen. Es kann hier kein stellvertretendes Fürsichsein geben; und die Frauen handeln in schlechtem Glauben, wenn sie annehmen, daß ihre Beziehungen zu den Männern ihnen einen Anteil an der Transzendenz sichern. Der mittlere Bereich, den Hegel für die Frauen reserviert und der zwischen dem bloß "Natürlichen" und der vollwertigen Beteiligung an der Außenwelt der Entwürfe und Betätigungen angesiedelt ist, muß als Täuschung angesehen werden. Wenn die Frauen nicht das familiäre Leben verlassen und sich in eigenen Entwürfen und Betätigungen engagieren, werden sie auf die bloße Immanenz oder das Versenktsein ins Leben reduziert. Es gibt nichts zwischen Transzendenz und Immanenz.

Auf diese Weise können wir die Behandlung des Andersseins der Frau bei Simone de Beauvoir als eine Theorie ansehen, die die inneren Unstimmigkeiten der hegelschen Behandlung des weiblichen Status als eines geistigen Subjektes zum Vorschein bringt. Diese Ablehnung der niederen Welt Hegels als eines Bereiches des schlechten Glaubens hat bei Simone de Beauvoir weitere negative Konsequenzen für die Darstellung der Bedingung, weiblich zu sein. Diese Konsequenzen werden besonders in einigen ihrer Bemerkungen über die weibliche Biologie deutlich, wo sie die mißliche Lage der Frau als einen Konflikt darstellt, der sich einerseits durch das Wesen der Frau als freies Subjekt, und andererseits durch ihre physische Bedingtheit ergibt, die eben dieses Subjekt in eine bloß natürliche Existenz zurückdrängt. Es scheint, als sei der weibliche Körper ein wesentliches Hindernis für die Transzendenz, der die Frau zu einer Art Beute ihrer Gattung macht. Während der Menstruation "empfindet sie am peinlichsten ihren Körper als eine undurchsichtige, ihr selber fremde Sache; er dient einem sich eigenwillig bekundenden fremden Leben, das sich jeden Monat in ihr ein Nest schafft und es wieder zerstört (...) Wie der Mann *ist* die Frau ihr Leib; aber ihr Leib ist etwas anderes als sie.“[12]

Dieser offensichtlich starre Dualismus zwischen der willensbedingten Transzendenz und der Bindung an körperliche Immanenz bietet ein bestürzendes Bild der Bedingung, Frau zu sein. An dieser Stelle scheint der Begriff der Frau als Andere über sein Ziel hinauszuschießen. Wie ist es möglich, daß die Vergegenständlichung des Bewußtseins dazu führt, daß die Frau ihren Körper als ein Anderes erfährt? Warum sollte die direkte Erfahrung ihres eigenen Körpers für die Frau eine Erfahrung sein, die ihr einen Mangel an Transzendenz vor Augen führt und ihr klarmacht, daß sie gleichsam in der Versenkung des Lebens verschwindet? Warum sollte dies nur bei der Frau der Fall sein und nicht ebenso für die direkte Erfahrung eines männlichen Körpers gelten? Wahrscheinlich hat Simone de Beauvoir hier nicht nur die Idee der Transzendenz, sondern auch die hinlänglich bekannte Auffassung des weiblichen Körpers als eines Inbegriffs der Immanenz von Sartre übernommen.[13] Zur Verteidigung von Simone de Beauvoir kann natürlich an dieser Stelle angeführt werden, daß die mehr oder weniger direkte Erfahrung des weiblichen Körpers, die sie beschreibt, die Erfahrung eines Körpers ist, der kulturell vergegenständlicht worden ist, indem er dem Blick der Männer ausgesetzt war und ist. Simone de Beauvoir warnt ihre Leser, daß ihre Verwendung der Wörter *Frau* und *weiblich* sich nicht auf irgendeine unveränderliche Essenz beziehen sollen und daß der Leser sich bei der Lektüre ihrer Aussagen klarmachen muß, daß sie sich auf den gegenwärtigen Stand der Erziehung und Konvention beruft.[14] Und manches ist sicher an der Vermutung richtig, daß die Frauen sogar ihren Körper in einer Weise erfahren, die die konditionierende Wirkung eines männlichen, vergegenständlichenden Blickes widerspiegelt.

Nicht die weibliche Biologie selbst stellt das Hindernis für eine weibliche Transzendenz dar, sondern vielmehr das, was die Männer mit dem stillschweigenden Einverständnis der Frauen aus der weiblichen Biologie gemacht haben. Und Simone de Beauvoir scheint diese Unterscheidung in den folgenden Sätzen klar vor Augen gehabt zu haben:

> "Männer waren es, die, von dem Wunsche erfüllt, die männlichen Vorrechte zu erhalten, die Trennung erfunden haben; eine spezifisch weibliche Domäne — Herrschaft des Lebens, der Immanenz — haben sie sich nur zu schaffen bemüht, um die Frau darin einzuschließen. . . . Was sie heute beanspruchen, ist, wiederum mit gleichem Recht wie der Mann als Existierende anerkannt zu werden, nicht aber die Existenz dem Leben, den Menschen seiner animalischen Natur zu unterstellen."[15]

Aber vielleicht steckt noch mehr dahinter. Was den weiblichen Körper so bedrohlich für Sartres Transzendenz macht, scheint nicht nur das Ergebnis seiner Vergegenständlichung durch den männlichen Blick zu sein. Den Beschreibungen der weiblichen Biologie, die wir bei Simone de Beauvoir vorfinden, liegt der ursprünglich von Hegel formulierte Widerspruch zwischen der Individualität des Selbstbewußtseins und der beginnenden Allgemeinheit des Lebens zugrunde. Die größere biologische Einbindung der Frauen in die "Gattung Leben" ist nicht nur aus direkt praktischen Gründen dafür verantwortlich, daß sich für ihre Fähigkeit, Transzendenz zu erlangen, Hindernisse auftun. Es ist nicht einfach so, daß unter der Voraussetzung der vorherrschenden Formen der sozialen Organisation, die primäre Verantwortung der Frau für die Kinderpflege und die Hausarbeit ihrer Beteiligung an Entwürfen und großen Taten Grenzen auferlegt. Es scheint darüber hinaus auch begriffliche Gründe für ihre größere Empfänglichkeit für die Immanenz nach Sartre zu geben. Die Transzendenz Sartres ist wie bei seinem Vorläufer Hegel gerade eine Transzendenz des "Lebens". Der Mensch transzendiert die Art Leben; er "schafft Werte".

> "Die Frau steht mehr als der Mann in der Abhängigkeit von der Art; die Menschheit aber hat immer versucht, sich ihrem spezifischen Geschick zu entziehen; durch die Erfindung des Werkzeugs, die Sorge für den Lebensunterhalt ist der Mann Tätigkeit und Entwurf geworden, während die Frau durch die Mutterschaft an ihren Körper gebunden blieb wie das Tier. Weil die Menschheit sich in ihrem Sein in Frage stellt, das heißt dem Leben die Berechtigung zum Leben vorzieht, hat der Mann sich der Frau gegenüber als Herr setzen können; der Entwurf des Mannes ist nicht, sich in der Zeit zu wiederholen, sondern über den Augenblick zu herrschen und die Zukunft zu schmieden. Die männliche Aktivität hat dadurch, daß sie Werte geschaffen hat, die Existenz selbst als Wert gesetzt; sie hat über die verworrenen Kräfte des Lebens den Sieg davongetragen; sie hat die Natur und die Frau unterjocht."[16]

Mit Transzendenz ist in ihren Ursprüngen die Transzendenz des Weiblichen gemeint. In Hegels Version handelt es sich dabei um die Loslösung von der niederen Welt der Frauen. In der Version Sartres ist sie mit der Ablehnung dessen verbunden, was mutmaßlich mit dem weiblichen Körper bezeichnet wird, den "Löchern" und dem "Schlamm", die das freie Subjekt zu verschlingen drohen.[17] In Ermangelung der hegelschen niederen Welt scheint dem Subjekt nichts anderes übrigzubleiben, als den weiblichen Körper selbst zu transzendieren. In beiden Fällen kann das Weibliche nur aus einer männlichen Perspektive als etwas angesehen werden, das transzendiert werden muß. Aber die männliche Perspektive hat ihre Spuren auf den Begriffen der "Transzendenz" und der "Immanenz" selbst hinterlassen. Vielleicht ist es letztlich nicht überraschend, daß Simone de Beauvoir in jene verwirrenden Formulierungen abgleitet, in denen es so aussieht, als müsse die Frau nicht nur gegen ihren eigenen schlechten Glauben und die männliche Macht, sondern auch gegen ihren eigenen Körper kämpfen, wenn sie in die Lage versetzt werden will, ein wahres Fürsichsein und wirkliche Freiheit zu erringen; als könnte sie in den Genuß der Transzendenz nur auf Kosten der Entfremdung von ihrem eigenen körperlichen Sein gelangen.

Ich möchte hier andeuten, daß das Ideal der Transzendenz in grundlegenderer Weise als es von Simone de Beauvoir zugelassen wird, ein männliches Ideal ist; daß es seine Nahrung aus der Tatsache des Ausschlusses der Frau erhält. Aus diesem Grunde ist das Ideal einer weiblichen Erlangung von Transzendenz paradox. In Hegels ursprünglicher Version der Transzendenz des Lebens standen die Frauen außerhalb des Dramas, indem sie in eine niedere Welt verbannt wurden. In Simone de Beauvoirs Anwendung des Modells aus der Sicht Sartres werden die Frauen in den Konflikt feindlicher Bewußtseine eingepaßt; ihrem Ideal zufolge kämpfen sie darum, die Rolle des Schauenden zu erlangen, anstatt immer nur die Angeschauten zu sein. Aber kann "Transzendenz" in dieser Weise übernommen werden, als sei sie ein geschlechtsneutrales Ideal? Und was bliebe übrig von ihr in Ermangelung des hegelschen mittleren Grundes, den Sartre und Simone de Beauvoir als einen Bereich des schlechten Glaubens von uns abgelehnt wissen möchten? Wie bereits Hegel in Ansätzen erkannte, unterscheidet sich die Transzendenz des Mannes von dem, was die Transzendenz der Frau darzustellen hätte. Sie löst sich von einem Bereich ab, der für den Mann intakt bleibt — von dem also, was für ihn das Reich des Einzelnen und der bloß natürlichen Gefühle ist. Im Gegensatz dazu gibt es für die Frau kein solches Reich, das sie verlassen und gleichzeitig intakt halten kann.

7 Schlußbemerkungen

Worauf genau soll die "Männlichkeit" der Vernunft hinauslaufen? Was wir in der Geschichte des philosophischen Denkens vorfinden, ist keine reine Aufeinanderfolge oberflächlich frauenfeindlicher Haltungen, die nun abgeschüttelt werden können, während die tieferliegenden Strukturen unserer Vernunftideale intakt gelassen werden können. Es geht um mehr als sie Annahme früherer Philosophen, daß dem weiblichen Charakter Mängel anhafteten. Viele glaubten tatsächlich, daß die Frauen weniger vernünftig seien als die Männer; und sie haben ihre Ideale über Rationalität mit einem männlichen Paradigma im Hinterkopf formuliert. Aber die Männlichkeit der Vernunft geht noch tiefer. Unsere Ideen und Ideale von Männlichkeit und Weiblichkeit bildeten sich im Rahmen gewisser Dominanzstrukturen — der Überlegenheit und der Unterlegenheit, der "Normen" und "Unterschiede", des "Positiven" und des "Negativen", des "Essentiellen" und des "Komplementären" — heraus. Und die Unterscheidung von Mann und Frau selbst wirkt nich als unmittelbar deskriptives Klassifikationsprinzip, sondern als Ausdruck von Wertzuweisungen.

Wir haben gesehen, daß die Gleichsetzung von Männlichkeit mit Überlegenheit mindestens bis auf die Pythagoräer zurückverfolgt werden kann. Die bei den Pythagoräern vorgenommenen Wertungen etwa von ungeraden im Gegensatz zu geraden Zahlen, von "aggressiven" im Gegensatz zu "hegenden" Fähigkeiten und Fertigkeiten, oder der Vernunft im Gegensatz zur Emotion wurden bereitwilligst mit Männlichkeit identifiziert. Im Zusammenhang dieser Verknüpfung von Männlichkeit mit bevorzugten Eigenschaften ist es nicht nebensächlich für das Weibliche, daß weibliche Merkmale als minderwertig — oder in subtilerer Weise als "ergänzend" — im Vergleich zu männlichen Normen von Vorzüglichkeit betrachtet wurden. Die Rationaliät wurde als Überwindung des Weiblichen angesehen; und das "Weibliche" selbst konstituierte sich teilweise durch seine Einbettung in diese Struktur.

Die natürliche Reaktion auf die Entdeckung ungerechtfertigter Diskriminierung besteht in dem Versuch, den positiven Wert des zuvor Herabgewürdigten mit Nachdruck bestätigt sehen zu wollen. Aber wenn wir die Art des Vorurteils berücksichtigen, mit dem wir hier konfrontiert sind, so wird die Situation dadurch kompliziert, daß die Weiblichkeit, wie wir sie kennen, sich teilweise in bezug auf und in Unterscheidung zu einer männlichen Norm formierte. Vielleicht möchten wir gegen frühere Philosophen einwenden, daß die Geschlechter in gleicher Weise im Besitze der Vernunft sind; und daß den Frauen nun Zugang zur vollen Beteiligung an ihren kulturellen Manifestationen gewährt werden muß. Wie wir jedoch im Falle der Simone de Beauvoir hinsichtlich ihrer feministischen Anpassung des Ideals der Transzendenz gesehen haben, ist dieser Zugang mit Problemen überfrachtet. Die Frauen lassen sich nicht einfach in ein kulturelles Ideal einpassen, das sich im Widerspruch zum Weiblichen definierte. Die Erklärung, daß die Frauen in gleicher Weise über rationale Eigenschaften verfügen und ein Recht darauf haben, Zugang zu den öffentlichen Bereichen zu gewinnen, in denen sich die Vernunft manifestiert und entfaltet, ist von politischer Relevanz. Aber sie trifft nicht den Kern der begrifflichen Komplexität geschlechtlicher Unterschiede. Und die Reaktionsweise der Simone de Beauvoir, die in der Ablehnung einer bestimmten Art des Ausschlusses bestand, kann dazu beitragen, den Ausschluß in einem anderen Bereich zu verstärken. Denn sie scheint stillschweigend die Herabsetzung der eliminierten Charaktermerkmale, die traditionell mit Weiblichkeit in Verbindung gebracht wurden, zu akzeptieren und darüber hinaus die Annahme zu bestätigen, daß die einzigen menschlichen Vorzüge und Tugenden, die es wert sind, ernst genommen zu werden, von der Art sind, daß sie in den Bereich der Tätigkeiten und Belange fallen, die mit Männlichkeit assoziiert wurden.

Anders geartete Reaktionen sind allerdings nicht weniger mit begrifflichen Vielschichtigkeiten behaftet. Es mag zum Beispiel einfach erscheinen, den positiven Wert und die Stärken typisch weiblicher Merkmale zu bekräftigen, ohne sich einer wie auch immer versteckt angenommenen Norm zu verschreiben und damit zu einer ursprünglichen Version der Idee Rousseaus zu kommen, daß die weibliche Vernunft gleichwertig, aber anders sei. Aber der Versuch, Begriffe von Weiblichkeit aus den intellektuellen Strukturen herauszuziehen, in denen sich unser Verständnis geschlechtlicher Unterschiede prägte, ist schwieriger, als es auf den ersten Blick zu sein scheint. Die Vorstellung, daß die Frauen ihre eigene, für sie typische Form eines intellektuellen oder moralischen Charakters hätten, entstand teilweise selbst innerhalb der philosophischen Tradition, auf die sie nun zu reagieren scheint. Solange wir nicht zu einem Verständnis der strukturellen Kennzeichen unserer Begriffe zum Problem des Geschlechtes gelangen, droht jede Betonung eines mutmaßlich charakteristischen Denkstils, einer der Frau eigentümlichen Moralität, sich in einer tieferen, älteren Struktur männlicher Normen und weiblicher "Ergänzung“ zu verfangen. Man kann nicht erwarten, daß die Bekräftigung des Wertes und der Bedeutung ”des Weiblichen“ die zugrundeliegenden, normativen Strukturen erschüttert, denn es erscheint ironischerweise in einem Bereich, der dafür bereits von der intellektuellen Tradition vorbereitet ist, die es abzulehnen sucht.

Daher führen die Polarisierungen der Ethik Kants zu der verständlichen Reaktion und dem Wunsch einer Betonung des moralischen Wertes ”weiblicher“ Belange im Bereich des Persönlichen und Einzelnen im Gegensatz zum Allgemeinen und Gerechten; oder der Betonung der Wärme des Gefühls im Gegensatz zum kalt-abstrakten Charakter der Vernunft. Aber es ist wichtig, sich klarzumachen, daß der ”Ausschluß“ des Weiblichen keine direkte Ablehnung implizierte. Der gesellschaftlichen Organisation der Geschlechtertrennung sind unterschwellige Anpassungen auf der Basis philosophischen Denkens einverleibt worden, die es sogenannten ”weiblichen“ Merkmalen und Aktivitäten gestatten, gleichzeitig beibehalten und herabgewürdigt zu werden. Es besteht kein Mangel an männlichen Bekräftigungen hinsichtlich der Bedeutung und der Attraktivität ”weiblicher“ Kennzeichen bei Frauen und es gibt zahlreiche, galante Zugeständnisse in bezug auf die Verarmung der männlichen Vernunft. Die Unterdrückung und die entsprechende Konstitution des weiblichen Geschlechtes diente weitgehend der Ausmerzung von Mängeln im männlichen Bewußtsein, wobei man es mit dem erforderlichen Gegenstück, dem ”Weiblichen“ ausstattete. Wer die Stärken des weiblichen ”Andersseins“ behauptet, ohne sich dieser Tatsache bewußt zu sein, ist vielleicht dazu verurteilt, einige der traurigeren Nebenrollen in der Geschichte des abendländischen Denkens zu wiederholen. Der Gehalt der Weiblichkeit, wie wir sie kennen, hat sich ebenso wie ihre untergeordnete Stellung innerhalb einer intellektuellen Tradition herausgebildet. Es geschah nicht ein einfacher Ausschluß der Frauen, sondern eine Konstituierung der Weiblichkeit durch diesen Ausschluß. Es ist bemerkenswert, daß Hegel, der allzu bekannte Repräsentant der "niederen Welt" des Weiblichen, eine so weitreichende Einsicht in die begriffliche Vielschichtigkeit solcher Geschlechtsunterschiede gehabt hat. Wie wir an anderer Stelle gesehen haben, erfolgt Hegels Diagnose des weiblichen Geschlechts in einem weiter gesteckten Rahmen, der die Verbannung der Frau in den Privatbereich bekräftigt. Aber sein Verständnis der Komplexität von Geschlechtsunterschieden sowie die Art und Weise, wie er ihm Ausdruck verleiht, übersteigt dieses bei weitem. Er erkannte, daß das Leben in der niederen Welt die Ausprägungen des weiblichen Bewußtseins konditionierte; daß das Bestehen von typisch weiblichen Attributen nicht ein rohes Faktum ist, sondern eine Struktur, die sich hauptsächlich mittels Unterdrückung herausbilden konnte. Wenn man dieser Tatsache beipflichtet, so verneint man damit nicht zugleich, daß das Weibliche über seine eigenen Stärken und Tugenden verfügt. Im gegenwärtig vorherrschenden Klima der kritischen Reflexion von Vernunftidealen kann man einige der Stärken des weiblichen "Unterschiedes" als abgeleitet aus eben ihrem Ausschluß aus "männlichen" Denkstilen ansehen. Der weitgehende Ausschluß der Frauen aus den vorherrschenden und mutmaßlich "fortgeschritteneren" Formen abstrakten Denkens oder moralischen Bewußtseins kann als eine Quelle der Kraft angesehen werden, wenn die Mängel und Mißlichkeiten offensichtlich werden. Solche Stärken müssen jedoch in bezug auf Strukturmerkmale der geschlechtlichen Differenzierung gesehen werden. Es handelt sich um Stärken, die sich aus einem Ausschluß ableiten; und die Verdienste eines solchen "minoritären Bewußtseins" hängen davon ab, wie weitgehend man vermeidet, es als rivalisierende Norm herauszustellen.[1]

Der Versuch, irgend etwas typisch "Weibliches" zu behaupten oder festzustellen, birgt in einem Kontext tatsächlicher Ungleichheit gewisse Gefahren. Wenn das gesamte Spektrum menschlicher Betätigung — also sowohl die hegenden Aufgaben, die traditionell mit der Privatsphäre assoziiert werden, als auch diejenigen Aktivitäten, die bisher den öffentlichen Raum besetzt hielten — allen gleichermaßen zur Verfügung stünden, wäre die Erforschung geschlechtlicher Unterschiede weniger mit den Gefahren verewigter Normen und Stereotypen befrachtet, die Männer wie Frauen gleichermaßen verstümmelt haben. Die Aufgabe der Offenlegung und Kritik der Männlichkeit von Vernunftidealen muß nicht auf die Erfüllung solcher Hoffnungen warten.

Die Verunglimpfung des Weiblichen ist verständlicherweise für Feministen das auffallendste Merkmal der Männlichkeit der philosophischen Tradition. Aber das Thema ist auch für die Männer von Bedeutung. Das Leben der Frau verkörpert die auslaugenden Beschränkungen der mittels Vernunft transzendierten "niederen Welt". Aber die Männlichkeit, wie wir sie ererbt haben, verordnet nicht weniger die Verarmung und Verletzbarkeit der "öffentlichen" Vernunft. Wenn wir den Beitrag früheren Denkens für das "männliche" und das "weibliche" Bewußtsein, wie sie uns jetzt geläufig sind, verstehen, so wird uns dadurch vielleicht eine Vielfalt von intellektuellen Stilen und Charakteren für Männer und Frauen in gleicher Weise verfügbar gemacht. Dies impliziert nicht die Verleugnung eines jeden Unterschiedes. Das zeitgenössische Bewußtsein — ob männlich oder weiblich — spiegelt vergangene philosophische Ideale sowie frühere Unterschiede in der gesellschaftlichen Organisation der Lebenstätigkeit von Männern und Frauen wider. Solche Unterschiede müssen nicht zur Norm erhoben werden; und wenn man sie recht versteht, können sie eine Quelle des Reichtums und der Vielfalt in einem menschlichen Leben sein, dessen ganzes Spektrum an Möglichkeiten und Erfahrungen sowohl Männern als auch Frauen frei zugänglich ist.

Was läßt sich aus dem geschlechtslosen Vernunftideal verwerten? Der vergangene Jubel über jenes Ideal kann weitgehend als selbstbetrügerische Unfähigkeit gelten, den Unterschieden zwischen männlicher und weiblicher Vernunft einen Stellenwert zuzuerkennen, die in einem gesellschaftlichen Zusammenhang wirklicher Ungleichheiten erzeugt und ausgespielt werden. Ebenso kann er aber auch als Verkörperung einer Hoffnung für die Zukunft angesehen werden. Eine vergleichbare Mehrdeutigkeit charakterisiert Hegels eigenen, berühmten Ausdruck des Vertrauens in die Vernunft, der darin zusammengefaßt ist, daß das Wirkliche das Rationale und das Rationale das Wirkliche sei. Dies ist nicht überraschend und wird von Vielen als eine zweifelhafte Rationalisierung des Status quo beurteilt. Aber es kann auch als Ausdruck eines Ideals gewertet werden — als eine Bekräftigung des Glaubens, daß das Irrationale nicht obsiegen wird. Ein solcher Glaube mag naiv erscheinen; aber das heißt nicht, daß er dadurch schlecht ist. Die zuversichtliche Behauptung, daß die Vernunft kein Geschlecht kennt, setzt möglicherweise ebenso etwas als real gegeben voraus, das, sofern es überhaupt gültig ist, nur als ideal gegeben existiert. Hier wie überall können ideale Gleichheitspostulate tatsächlich vorhandene Ungleichheiten verdecken. Ungeachtet der vielen Hoffnungen und Bestrebungen vieler Philosophen, die auf das Gegenteil abzielen, sind unsere Vernunftideale in der Tat männlich; und wenn es eine Vernunft gibt, die allen Menschen wirklich gemeinsam ist, so handelt es sich dabei um ein Ziel, das in der Zukunft zu erreichen ist und dessen Erreichung keinesfalls in der Gegenwart gefeiert werden kann. Frühere Vernunftideale sind weit davon entfernt, zur Überwindung von Geschlechtsunterschieden beigetragen zu haben, sie haben stattdessen die Herausbildung solcher Unterschiede unterstützt. Daß sich Ideen der Männlichkeit unter dem Deckmantel vermeintlich neutraler Vernunftideale entwickeln konnten, gereicht Männern wie Frauen gleichermaßen zum Nachteil.

Die Philosophen haben ihre Tätigkeit im Sinne eines Strebens nach Vernunft definiert, das von den konditionierenden Wirkungen der historischen Umstände und der gesellschaftlichen Strukturen frei sein sollte. Aber obwohl die Philosophie die Überwindung solcher Zufälligkeiten bekundete, so wurde sie doch erheblich von der gesellschaftlichen Organisation geschlechtlicher Unterschiede beeinflußt, die sie wiederum ebenso beeinflußte. Die gesamten Dimensionen der Männlichkeit in der Philosophie der Vergangenheit werden erst jetzt sichtbar. Trotz ihres Bemühens um zeitlose Wahrheit spiegelt die Geschichte der Philosophie die charakteristischen Vorlieben und Selbsterkenntnisse solcher Leute wider, denen selbst jederzeit der Zugang zu dieser Tätigkeit offenstand. Zu verschiedenen Zeiten rekrutierten sich die Philosophen aus Kirchenvätern, Gelehrten, Universitätsprofessoren. Aber eins haben sie alle durch die ganze Geschichte ihrer Tätigkeit miteinander gemeinsam: sie waren fast ausschließlich männlichen Geschlechts; und die Tatsache, daß die Frauen der philosophischen Tradition fernblieben, bedeutet, daß die Begriffsbildung bei der Vernunft ausschließlich von Männern durchgeführt wurde. Es ist nicht überraschend, daß die Ergebnisse ihr Gefühl für Philosophie als einer männlichen Aktivität widerspiegeln sollten. Zwar hat es innerhalb der abendländischen Tradition natürlich auch Philosophinnen gegeben. Aber wie die vernunftbegabten Frauen bei Philon und Augustinus waren sie eher trotz als wegen ihrer Weiblichkeit Philosophinnen; die Weiblichkeit hat keinen Eingang bei der Bildung von Vernunftidealen gefunden.

Da die Frauen in der Philosophie präsent zu werden beginnen, steht zu erwarten, daß die Männlichkeit der philosophischen Vergangenheit und mit ihr die Männlichkeit von Vernunftidealen langsam ins Zentrum des Interesses rückt; und daß dieser Prozeß von einem Gefühl des Antagonismus zwischen Feminismus und Philosophie begleitet wird. Wir haben gesehen, daß die Philosophie sehr zum Ausschluß des Weiblichen aus kulturellen Idealen in einer Weise beigetragen hat, die nicht als nebensächliche Verirrungen der philosophischen Vorstellungskraft abgetan werden können. Aber es ist wichtig, daß die Spannungen zwischen Feminismus und Philosophie nicht einer falschen Deutung anheimfallen. Der Ausschluß des Weiblichen ergab sich nicht aus einer Verschwörung seitens der männlichen Philosophen. Wir haben gesehen, daß er in manchen Fällen entgegen der bewußten Absicht der Autoren gegeben war. Wo er in den Texten ausdrücklich zu finden ist, ist er gewöhnlich für ihre Zwecke nebensächlich; und oft kommt ein solcher Ausschluß nur in der Verbindung des Textes mit den umgebenden gesellschaftlichen Strukturen zum Vorschein — ein Aspekt, der oft nur im Rückblick sichtbar wird.

Das feministische Unbehagen über Vernunftideale wird manchmal durch Ablehnung vorgeblich männlicher Prinzipien rationalen Denkens ausgedrückt. Solche Formulierungen des Problems machen es professionellen Philosophen nur allzu leicht, alles Reden über die Männlichkeit der Vernunft als konfus abzutun. Wie ich zu Anfang ausführte, kann die zeitgenössische philosophische Vorliebe für die Notwendigkeiten rationalen Glaubens, für die Objektivität der Wahrheit und die Verfahren des rationalen Argumentierens es ihnen schwer machen, die Bedeutung der Kritik breiter angelegter Kulturideale im Zusammenhang mit der Vernunft zu erkennen. Die Behauptung, daß die Vernunft männlich sei, muß keinesfalls einen Geschlechtsrelativismus über Wahrheit oder Hinweise darauf enthalten, daß die für Männer gültigen Prinzipien logischen Denkens nicht ebenso für Denkerinnen gültig sind.

Die Philosophen können die Unzufriedenheit der Feministen mit der Männlichkeit der Vernunft ernst nehmen, ohne die

Vernunft oder gar die Philosophie aufzugeben. Solcherlei Kritik an Vernunftidealen kann in der Tat als Fortsetzung einer sehr alten Richtung in der abendländischen philosophischen Tradition angesehen werden; ihr zentrales Interesse richtete sich darauf, die tieferen Strukturen ererbter Vernunftideale in ein reflektierendes Bewußtsein hineinzuheben. Die Philosophie hat Vernunftideale durch den Ausschluß des Weiblichen definiert. Aber sie verfügt über die Mittel der kritischen Reflexion solcher Ideale und sie verfolgt ihre eigenen Bestrebungen in dieser Richtung. Glücklicherweise ist die Philosophie nicht notwendigerweise das, was sie in der Vergangenheit stolz zu sein beansprucht hat — eine zeitlose, rationale Repräsentation des Wirklichen, frei von den konditionierenden Wirkungen der Geschichte.

Das Studium der Philosophiegeschichte kann als solches ein Engagement für eine Form der Kulturkritik sein. Es gibt heutzutage Wenige, die Hegels Version der Philosophiegeschichte als stetigen Pfad des Fortschrittes der Vernunft durch die menschliche Geschichte hindurch teilen. Aber die Philosophiegeschichte enthüllt eine Aufeinanderfolge von Möglichkeiten zur Vernunftdeutung, die — sei es zum Guten oder zum Schlechten — einen formenden Einfluß auf Kulturideale ausgeübt haben und die noch immer im zeitgenössischen Bewußtsein auftauchen. Ich habe versucht, herauszustellen, wie diese Ansichten über die Vernunft mit der Unterscheidung von Mann und Frau verknüpft sind. Dabei habe ich natürlich oft Punkte beleuchtet, deren Thematik in den Vorstellungen der Philosophen selbst nicht hervorstechend waren. Wenn man bei solchen Texten die Unterscheidung zwischen Mann und Frau in den Mittelpunkt der Betrachtung stellt, so mag vielleicht der Anschein geweckt werden, als entstelle man die Geschichte der Philosophie. Aber wenn ein Philosoph die Geschichte der Vergangenheit der Philosophie erzählt, so geschieht dies unter dem Gesichtspunkt seiner eigenen Vorlieben, die er mit den philosophischen Laien seiner Zeit teilt — nämlich indem er Fragen stellt, die für die interpretierenden Philosophen nicht zentral waren.

Die Beleuchtung der Unterscheidung zwischen Mann und Frau in philosophischen Texten führt nicht zu einer Entstellung der Philosophiegeschichte. Diese Aufgabe enthält jedoch die Notwendigkeit, die zeitliche Entfernung ernst zu nehmen, die uns von den Konzeptionen früherer Denker trennt. Wir müssen aber nicht nur die zeitliche Distanz klar im Blick behalten, sondern auch die zentralen Punkte der Entwürfe der jeweiligen Philosophen. Daraus ergibt sich eine permanente Spannung einerseits zwischen der Notwendigkeit, Ideale der Vergangenheit mit Perspektiven zu konfrontieren, die sich aus der Gegenwart ableiten und der ebenso großen Notwendigkeit andererseits, die Aussagen und Intentionen der Aussagen der einzelnen Autoren fair und sachgerecht zu interpretieren. Eine konstruktive Auflösung der Spannung zwischen dem Feminismus unserer Tage und der Philosophie der Vergangenheit erfordert, daß wir beiden Forderungen gerecht werden.

Anmerkungen

Einleitung

1 Die deutschen Begriffe "Mann" und "Mensch" fallen im Englischen in dem Wort *man* zusammen. Das erwähnte "linguistische Vorurteil" bezieht sich daher auf den angelsächsischen Sprachraum.

Kapitel 1

1 de Beauvoir, S. (1949): Das andere Geschlecht. Reinbek 1983, S. 155.
2 Nietzsche, F. (1871): Nachgelassene Fragmente. Ende 1870–April 1871. 7(122). In: Nietzsche. Werke. Kritische Gesamtausgabe. Hrsg. v. G. Colli u. M. Montinari. 3. Abt., 3. Band: Nachgelassene Fragmente. Herbst 1869 bis Herbst 1872. Berlin u. New York 1978, S. 179.
3 Platon: *Menexenos*. In: Werke in acht Bänden. Hrsg. v. G. Eigler. 2. Band. Darmstadt 1973, S. 235(238a).
4 Für eine Diskussion der symbolischen Bedeutung kultischer Abfolgen vgl. Harrison, J., *Themis: A Study of the Social Origins of Greek Religion*. Cambridge 1912, S. 385–96.
5 Aischylos: Die Eumeniden. In: Die Tragödien und Fragmente. Übertragen v. J. G. Droysen. Stuttgart 1977, S. 325f.

6 Platon: *Timaios*. In: Werke in acht Bänden. Hrsg. v. G. Eigler. 7. Band. Darmstadt 1972, S. 91 (50d).
7 Aristoteles: Metaphysik. Hrsg. v. H. Seidl. Erster Halbband: Bücher I—VI. Hamburg 1978, S. 41 (988alff.).
8 Platon: *Timaios*. A.a.O., S. 95 (51e).
9 Platon: *Phaidon*. In: Werke in acht Bänden. Hrsg. v. G. Eigler. 3. Band. Darmstadt 1974, S. 3—207.
10 Aristoteles: Metaphysik. Kap. 6—10. A.a.O., S. 39—71.
11 Thomas von Aquin (1267—73): *Summa Theologica*. Hrsg. v. Katholischen Akademikerverband. 6. Band: Wesen und Ausstattung des Menschen. Salzburg u. Leipzig 1937, S. 251—256.
12 Bacon, F. (1605): *The Advancement of Learning*. In: J. Devey (Hrsg.): *The Physical and Metaphysical Works of Lord Bacon*. London 1901, S. 138.
13 Bacon, F. (1620a): Neues Organon der Wissenschaften. Hrsg. v. A. Th. Brück. Buch I. Aph. 51. Darmstadt 1974, S. 37.
14 Bacon, F. (1620b): *The Great Instauration*. In: Devey. A.a.O., S. 15.
15 Bacon, F. (1605): A.a.O., S. 188.
16 ebenda, S. 207.
17 Bacon, F.: *The Refutation of Philosophies*. Übers. v. B. Farrington in: *The Philosophy of Francis Bacon: An essay on its development from 1603 to 1609 with new translations of fundamental texts*. Liverpool 1964, S. 131.
18 Bacon, F. (1620a): A.a.O., Aph. 129. S. 96.
19 Bacon, F.: *Thoughts and Conclusions*. In: Farrington. A.a.O., S. 99.
20 Bacon, F. (1620b): A.a.O., S. 1.
21 ebenda, S. 16.
22 Bacon, F. (1653): *The Masculine Birth of Time*. In: Farrington. A.a.O., S. 62.
23 ebenda, S. 72.
24 Bacon, F. (1620a): A.a.O., Aph. 121. S. 89.
25 Bacon, F.: *Thoughts and Conclusions*. A.a.O., S. 83.
26 Bacon, F. (1620b): A.a.O., S. 3.
27 ebenda, S. 20.
28 Bacon, F. (1605): A.a.O., S. 123f.
29 ebenda, S. 140.
30 Bacon, F. (1620a): A.a.O., Buch I. Aph. 121. S. 88.
31 ebenda, Buch II. Aph. 4. S. 101f.

32 ebenda, Buch I. Aph. 95. S. 74.
33 Bacon, F.: *Thoughts and Conclusions.* A.a.O., S. 93.
34 Bacon, F. (1620a): A.a.O., Buch I. Aph. 129. S. 96.
35 Bacon, F.: *The Refutation of Philosophies.* A.a.O., S. 129.
36 ebenda, S. 120.
37 Bacon, F. (1622—23): *Historia ventorum.* In: The Works of Francis Bacon. Hrsg. v. J. Spedding, R. L. Ellis u. D. D. Heath. Band II. Stuttgart — Bad Cannstadt 1963, S. 14f.

Kapitel 2

1 Platon: Der Staat. In: Werke in acht Bänden. Hrsg. v. G. Eigler. 4. Band. Darmstadt 1971, S. 341—47(439a—440a).
2 Platon: *Philebos.* In: Werke in acht Bänden. Hrsg. v. G. Eigler. 7. Band. Darmstadt 1972, S. 289(21e).
3 Platon: *Phaidros.* In: Werke in acht Bänden. Hrsg. v. G. Eigler. 5. Band. Darmstadt 1983, S. 71ff.(246aff.).
4 Platon: Das Gastmahl: In: Werke in acht Bänden. Hrsg. v. G. Eigler. 3. Band. Darmstadt 1974, S. 325(205b).
5 Philo von Alexandria: Allegorische Erklärung des heiligen Gesetzbuches. In: Die Werke in deutscher Übersetzung. Hrsg. v. Katholischen Akademikerverband. Bd. III. Berlin 1962 (2. Aufl.), S. 57—68.
6 ebenda, S. 156f.
7 ebenda, S. 74.
8 Philo von Alexandria: Über die Weltschöpfung. In: A.a.O., Band I, S. 83.
9 ebenda, S. 86.
10 ebenda, S. 82.
11 Philo von Alexandria: Allegorische Erklärung des heiligen Gesetzbuches. In: A.a.O., S. 68.
12 ebenda, S. 65.
13 ebenda, S. 82.
14 Philo von Alexandria: Über die Einzelgesetze. In: A.a.O., Band II, S. 238.
15 Eine ausführliche Darstellung des Mann-Frau-Symbolismus findet sich in : Baer, R.A., *Philo's Use of the Categories Male and Female.* Leiden 1974.

16 Philo von Alexandria: Allegorische Erklärung des heiligen Gesetzbuches. In: A.a.O., S. 89.
17 Übers. n. Philo: *Questions and Answers on Exodus*, I, sec. 8. Trans. R. Marcus. Suppl. Bd. II. London 1929, S. 15 f.
18 Philo von Alexandria: Über die Nachstellungen, die der Schlechtere dem Besseren zu bereiten pflegt. In: A.a.O., Band III, S. 284.
19 Philo von Alexandria: Über die Cherubim und das flammende Schwert und über Kain, den Erstgeborenen des Menschen. In: A.a.O., Band III, S. 185.
20 Philo von Alexandria: Über die Einzelgesetze. In: A.a.O., S. 67.
21 Philo von Alexandria: Allegorische Erklärung des heiligen Gesetzbuches. In: A.a.O., S. 150.
22 Philo von Alexandria: Über die Weltschöpfung. In: A.a.O., S. 83.
23 Aurelius Augustinus: *Confessions*/Bekenntnisse. Übers. v. J. Bernhart. 3. Aufl. München 1966, S. 833–35 u. S. 837–39. ders.: Fünfzehn Bücher über die Dreieinigkeit. In: Ausgewählte Schriften. Band XII. Übers. v. M. Schmaus. Buch VIII–XV. München 1936, S. 126–57.
24 Aurelius Augustinus: *Confessiones*/Bekenntnisse. A.a.O., S. 835.
25 Aurelius Augustinus: Fünfzehn Bücher über die Dreieinigkeit. A.a.O., S. 129.
26 ebenda, S. 136–40.
27 ebenda, S. 140.
28 ebenda, S. 140f.
29 ebenda, S. 83.
30 Aurelius Augustinus: Vom Gottesstaat. Übertragen v. W. Thimme. Band II. Zürich 1955, S. 206.
31 Thomas von Aquin: *Summa Theologica*. A.a.O. Qu. 76, Art. 4, S. 61–67.
32 Thomas von Aquin: *Summa Theologica*. Band 7. München und Heidelberg 1941, Qu. 92, Art. 2, S. 40.
33 ebenda, Qu. 93, Art. 4, S. 60.
34 ebenda, Qu. 92, Art. 1, S. 36.
35 ebenda, S. 38f.
36 Thomas von Aquin: *Opera omnia*. Band 10: *Secunda secundae summae theologiae*. Rom 1899. Qu. 156, Art. 1, S. 259.
37 Thomas von Aquin: *Summa Theologica*. Band 18. Heidelberg, Graz, Wien, Salzburg 1953. Qu. 70, Art. 3, S. 271.
38 Thomas von Aquin: Summa Theologica. Band 7. A.a.O., Qu. 92, Art. 1, S. 38.

Kapitel 3

1 Hegel, G.W.F. (1821): Grundlinien der Philosophie des Rechts oder Naturrecht und Staatswissenschaft im Grundrisse. In: Sämtliche Werke. Jubiliäumsausgabe in 20 Bänden. Hrsg. v. H. Glockner. Band 7. 2. Aufl. Stuttgart 1938. §166 (Zusatz), S. 247.
2 Platon: *Phaidros*. A.a.O., S. 163(270e).
3 Descartes, R. (1701): Regeln zur Ausrichtung der Erkenntniskraft. Hrsg. v. H. Springmeyer, L. Gäbe u. H.G. Zekl. Hamburg 1973, S. 23.
4 ebenda.
5 ebenda, S. 5.
6 Für eine informative Abhandlung der Gegensätze zwischen humanistischen pädagogischen Reformen und den im 17. Jh. üblichen Versionen von Methode vgl. Ong, W.J.: *Ramus: Method and the Decay of Dialoque. From the Art of Discourse to the Art of Reason.* Cambridge (Mass.) 1958.
7 Descartes, R. (1637): Von der Methode des richtigen Vernunftgebrauchs und der wissenschaftlichen Forschung. Hrsg. v. L. Gäbe. Hamburg 1960, S. 3.
8 Brief an Vatier, 22.2.1638 in Alquié, F.: *Oeuvres Philosophiques de Descartes*. Vol. II. Paris 1967, S. 27.
9 Descartes, R.: Von der Methode des richtigen Vernunftgebrauchs und der wissenschaftlichen Forschung. A.a.O., S. 127.
10 Für eine interessante Diskussion dieses Aspektes beim Gebrauch des Lateinischen vgl. Ong, W.J.: *Latin language study as a Renaissance puberty rite*, in: *Rhetoric, Romance and Technology: Studies in the Interaction of Expression and Culture*. Ithaka (NY) 1971.
11 Descartes, R.: Regeln zur Ausrichtung der Erkenntniskraft. A.a.O., S. 97f.
12 ebenda, S. 55.
13 Descartes, R. (1649): Die Leidenschaften der Seele. Hrsg. v. K. Hammacher. Hamburg 1984, S. 77f.
14 Brief an Prinzessin Elizabeth, 28.6.1643 in: Descartes: *Philosophical Letters*. Hrsg. v. A. Kenny. Oxford 1970, S. 140—43.
15 Descartes, R.: Von der Methode des richtigen Vernunftgebrauchs und der wissenschaftlichen Forschung. A.a.O., S. 3.
16 ebenda, S. 103.
17 ebenda, S. 101.
18 Descartes, R.: *Correspondance*. Hrsg. v. Ch. Adam u. G. Milhaud. Band V. Paris 1951, Nr. 385, S. 315.

19 Brief an Prinzessin Elizabeth, 28.6.1643 in: A. Kenny (Hrsg.). A.a.O.
20 Hume, D. (1734–36): *Treatise of Human Nature*. Hrsg. v. L. A. Selby-Bigge. Bd. II. Teil III. Abschn. III. Oxford 1960, S. 415.
21 ebenda, Bd. I. Teil IV, Abschn. VII, S. 267.
22 ebenda, S. 270.
23 ebenda, Bd. I. Teil III. Abschn. III, S. 414f.
24 ebenda, S. 416.
25 ebenda, Bd. III. Teil I. Abschn. I, S. 458.
26 ebenda, Bd. III. Teil III. Abschn. VIII, S. 438.
27 ebenda, Bd. II. Teil III. Abschn. II, S. 484–501.
28 ebenda, S. 492.
29 ebenda, Bd. III. Teil II. Abschn. VII, S. 536f.
30 ebenda, S. 538.

Kapitel 4

1 Condorcet, Marquis de (1794): Entwurf einer historischen Darstellung der Fortschritte des menschlichen Geistes. Hrsg. v. W. Alff. Frankfurt/M. 1963, S. 399.
2 Rousseau, J.J. (1750): Anhandlung über Frage: Hat der Wiederaufstieg der Wissenschaften und Künste zur Läuterung der Sitten beigetragen? In: Schriften zur Kulturkritik. Hrsg. v. K. Weigand. Hamburg 1983, S. 55.
3 ebenda, S. 57.
4 ebenda, S. 29.
5 ebenda, S. 41.
6 Rousseau, J.J. (1755): Über den Ursprung der Ungleichheit unter den Menschen. In: Schriften zur Kulturkritik. 3. Aufl. Hamburg 1978, S. 205ff.
7 ebenda, S. 265ff.
8 Rousseau, J.J. (1762): Der Gesellschaftsvertrag oder Die Grundsätze des Staatsrechtes. Hrsg. v. H. Weinstock. Stuttgart 1975, S. 23.
9 Rousseau, J.J. (1755): A.a.O., S. 65.
10 ebenda, S. 81f.
11 Rousseau, J.J. (1750): A.a.O., S. 11.
12 Rousseau, J.J. (1761): Julie oder Die neue Héloise. Briefe zweier

Liebenden aus einer kleinen Stadt am Fuße der Alpen. 4. Teil. Brief 11. München 1978, S. 500.
13 Rousseau, J.J. (1758): *Lettre à Mr. d'Alembert sur les spectacles*. Ed. crit. p. M. Fuchs. Lille u. Genf 1948, S. 109f.
14 Rousseau, J.J. (1755): A.a.O., S. 37.
15 Kant, I. (1784a): Idee zu einer allgemeinen Geschichte in weltbürgerlicher Absicht, in W. Weischedel (Hrsg.): Immanuel Kant: Schriften zur Anthropologie, Geschichtsphilosophie, Politik und Pädagogik. Band 1. Frankfurt/M. 1981, S. 33–50.
16 ebenda, S. 34.
17 ebenda, S. 37.
18 ebenda, S. 38.
19 ebenda, S. 44.
20 Kant, I. (1784b): Beantwortung der Frage: Was ist Aufklärung? in W. Weischedel (Hrsg.): A.a.O., S. 51–61.
21 Freud, S. (1925): Einige psychische Folgen des anatomischen Geschlechtsunterschieds. In: Ges. Werke. 14. Band: Werke aus den Jahren 1925–1931. London 1955, S. 29f.
22 Rousseau, J.J. (1762): A.a.O., S. 23.
23 Hegel, G.W.F. (1807): Phänomenologie des Geistes. Hrsg. v. J. Hoffmeister. (= Sämtliche Werke. Krit. Ausgabe. Band II.). 4. Aufl. Leipzig 1937, S. 313.
24 ebenda, S. 158–71.
25 ebenda, S. 383.
26 ebenda, S. 374.

Kapitel 5

1 Rousseau, J.J. (1762): Emil oder Über die Erziehung. In neuer dt. Fassung besorgt v. L. Schmidts. 4. Aufl. Paderborn 1978, S. 386.
2 ebenda, S. 420.
3 Kant, I. (1763): Beobachtungen über das Gefühl des Schönen und Erhabenen. In: Werke in zehn Bänden. Hrsg. v. W. Weischedel. Band 2. Darmstadt 1975, S. 52(A51f.).
4 ebenda, S. 867(A79).
5 Wollstonecraft, M. (1792): *A Vindication of the Rights of Woman*. Hrsg. v. M. Kramnik. Harmondsworth 1975, S. 187.
6 Schopenhauer, A. (1851): Parerga und Paralipomena. Zweiter

Band. (= Sämtliche Werke. Band 6) Wiesbaden 1961, S. 651.
7 Hegel, G.W.F. (1807): Phänomenologie des Geistes. A.a.O., S. 340f.
8 Hume, D. (1741–2): *Essay Writing*, in *Essays, Moral, Political and Literary*. Oxford 1963, S. 568–72.
9 Hegel, G.W.F. (1807): A.a.O., S. 318–41.
10 ebenda, S. 320.
11 ebenda, S. 326.
12 ebenda, S. 340.
13 ebenda, S. 327.
14 ebenda, S. 330.
15 ebenda, S. 326f.
16 Hegel, G.W.F. (1821): Grundlinien der Philosophie des Rechts. A.a.O., S. 247.

Kapitel 6

1 de Beauvoir, S. (1949): Das andere Geschlecht. A.a.O., S. 155.
2 ebenda, S. 21.
3 Hegel, G.W.F. (1807): Phänomenologie des Geistes. A.a.O., S. 141–50.
4 ebenda, S. 139 u. 140.
5 ebenda, S. 148–50.
6 Sartre, J.P. (1943): Das Sein und das Nichts. Versuch einer phänomenologischen Ontologie. 3. Teil. Erstes Kap. Hamburg 1976.
7 ebenda, S. 338–79.
8 ebenda, S. 350.
9 ebenda, S. 319.
10 de Beauvoir, S. (1949): A.a.O., S. 14.
11 ebenda, S. 21.
12 ebenda, S. 43.
13 Sartre, J.P. (1943): A.a.O., S. 752–70.
14 de Beauvoir, S. (1949): A.a.O., S. 264.
15 ebenda, S. 72f.
16 ebenda, S. 73.
17 Sartre, J.P. (1943): A.a.O., S. 768f.

Kapitel 7

1 Der Begriff "minoritäres Bewußtsein" stammt von Deleuze, G. (1978): *Philosophie et minorité.* In: *Critique* (369), S. 154f.

Literaturverzeichnis

Aischylos: Die Eumeniden. In: Die Tragödien und Fragmente. Übertragen von J. G. Droysen. Stuttgart 1977.

Alquié, F.: *Oeuvres Philosophiques des Descartes*. Vol. II. Paris 1967.

Aquin, Thomas v.: *Opera Omnia*. Band 10. Rom 1899.

ders.: *Summa Theologica*. Hrsg. v. Kath. Akademikerverband.
Band 6: Wesen und Ausstattung des Menschen. Salzburg u. Leipzig 1937.
Band 7: München u. Heidelberg 1941.
Band 18: Heidelberg, Graz, Wien, Salzburg 1953.

Aristoteles: Metaphysik. Hrsg. v. H. Seidl. Erster Halbband. Hamburg 1978.

Augustinus, A.: *Confessiones*/Bekenntnisse. Übers. v. J. Bernhart. 3. Aufl. München 1966.

ders., Fünfzehn Bücher über die Dreieinigkeit. In: Ausgewählte Schriften. Übers. v. M. Schmaus. Band XII. München 1938.

ders., Vom Gottesstaat. Band II. Übertr. v. W. Thimme. Zürich 1955.

Bacon, F. (1605): *The Advancement of Learning*. In: J. Devey (Hrsg.): *The Physical and Metaphysical Works of Lord Bacon*. London 1971.

ders. (1620a): Neues Organon der Wissenschaften. Hrsg. v. A. Th. Brück. Darmstadt 1974.

ders. (1620b): *The Great Instauration*. In: Devey. A.a.O.

ders. (1622—23): *Historia ventorum*. In: *The Works of Francis Bacon*. Hrsg. v. J. Spedding, R.L. Ellis u. D.D. Heath. Band II. Stuttgart-Bad Cannstadt 1963.

ders. (1653): *The Masculine Birth of Time*. In: B. Farrington: *The Philosophy of Francis Bacon: An essay on its development from 1603 to 1609 with new translations of fundamental texts*. Liverpool 1964.

ders.: *The Refutation of Philosophies*. In: Farrington: A.a.O.
ders.: *Thoughts and Conclusions*. In: Farrington: A.a.O.
Baer, R.A.: *Philo's Use of the Categories Male and Female*. Leiden 1964.
Beauvoir, S. de (1949): Das andere Geschlecht. Reinbek 1983.
Condorcet, M. de (1794): Entwurf einer historischen Darstellung der Fortschritte des menschlichen Geistes. Hrsg. v. W. Alff. Frankfurt/M. 1963.
Deleuze, G.: *Philosophie et Minorité*. In: *Critique* 1978 (369).
Descartes, R. (1637): Von der Methode des richtigen Vernunftgebrauchs und der wissenschaftlichen Forschung. Hrsg. v. L. Gäbe. Hamburg 1960.
ders. (1649): Die Leidenschaften der Seele. Hrsg. v. K. Hammacher. Hamburg 1984.
ders. (1701): Regeln zur Ausrichtung der Erkenntniskraft. Hrsg. v. H. Springmeyer, L. Gäbe u. H.G. Zekl. Hamburg 1973.
ders.: *Correspondance*. Hrsg. v. Ch. Adam u. G. Milhaud. Band V. Paris 1951.
ders.: *Philosophical Letters*. Hrsg. v. A. Kenny. Oxford 1970.
Freud, S. (1925): Einige psychische Folgen des anatomischen Geschlechtsunterschieds. In: Ges. Werke. 14. Band: Werke aus den Jahren 1925—1931. London 1955.
Harrison, J.: *Themis: A Study of the Social Origins of Greek Religion*. Cambridge 1912.
Hegel, G.W.F. (1807): Phänomenologie des Geistes. Hrsg. v. J. Hoffmeister. (= Sämtliche Werke. Krit. Ausg. Band II) 4. Aufl. Leipzig 1937.
ders. (1821): Grundlinien der Philosophie des Rechts oder Naturrecht und Staatswissenschaft im Grundrisse. In: Sämtliche Werke. Jubiläumsausgabe in 20 Bänden. Hrsg. v. H. Glockner. Band 7. 2. Aufl. Stuttgart 1938.
Hume, D. (1734—6): *Treatise of Human Nature*. Hrsg. v. L.A. Selby-Bigge. Band I—III. Oxford 1960.
ders. (1741—2): *Essays, Moral, Political and Literary*. Oxford 1963.
Kant, I. (1763): Beobachtungen über das Gefühl des Schönen und Erhabenen. In: Werke in zehn Bänden. Hrsg. v. W. Weischedel. Band 2. Darmstadt 1975.
ders. (1784a): Idee zu einer allgemeinen Geschichte in weltbürgerlicher Absicht. In: W. Weischedel (Hrsg.): Immanuel Kant. Schriften zur Anthropologie, Geschichtsphilosophie Politik und Pädagogik.

Band 1. Frankfurt/M. 1981.

ders. (1784b): Beantwortung der Frage: Was ist Aufklärung? In: W. Weischedel (Hrsg.): A.a.O. (1981).

Nietzsche, F. (1871): Nachgelassene Fragmente. Ende 1870—April 1871. In: Werke. Kritische Gesamtausgabe. Hrsg. v. G. Colli u. M. Montinari. 3. Abt. 3. Band. Berlin und New York 1978.

Ong, W.J.: Ramus: *Method and the Decay of Dialogue. From the Art of Discourse to the Art of Reason*. Cambridge (Mass.) 1958.

ders.: *Latin Language study as a Renaissance puberty rite*. In: *Rhetoric, Romance and Technology: Studies in the Interaction of Expression and Culture*. Ithaca (NY) 1971.

Philo von Alexandria: Allegorische Erklärung des heiligen Gesetzbuches. In: Die Werke in deutscher Übersetzung. Band III. Hrsg. v. Katholischen Akademikerverband. 2. Aufl. Berlin 1962.

ders.: Über die Cherubim und das flammende Schwert und über Kain, den Erstgeborenen des Menschen. In: A.a.O. Band III.

ders.: Über die Einzelgesetze. In: A.a.O. Band II.

ders.: Über die Nachstellungen, die der Schlechtere dem Besseren zu bereiten pflegt. In: A.a.O. Band III.

ders.: Über die Weltschöpfung. In: A.a.O. Band I.

ders.: *Questions and Answers on Exodus*. Übers. v. R. Marcus. In: Philo. Suppl. Band II. London 1929.

Platon: Das Gastmahl. In: Werke in acht Bänden. Hrsg. v. G. Eigler. 3. Band. Darmstadt 1974.

ders.: *Menexenos*. In: A.a.O. Band 2. Darmstadt 1973.

ders.: *Phaidon*. In: A.a.O. Band 3. Darmstadt 1974.

ders.: *Phaidros*. In: A.a.O. Band 5. Darmstadt 1983.

ders.: *Philebos*. In: A.a.O. Band 7. Darmstadt 1972.

ders.: Der Staat. In: A.a.O. Band 4. Darmstadt 1971.

ders.: *Timaios*. In: A.a.O. Band 7. Darmstadt 1972.

Rousseau, J.J. (1750): Abhandlung über die Frage: Hat der Wiederaufstieg der Wissenschaften und Künste zur Läuterung der Sitten beigetragen? In: Schriften zur Kulturkritik. Hamburg 1983.

ders. (1755): Über den Ursprung der Ungleichheit unter den Menschen. In: Schriften zur Kulturkritik. 3. Aufl. Hamburg 1978.

ders. (1758): *Lettre à Mr. d'Alembert sur les Spectacles*. Hrsg. v. M. Fuchs. Lille u. Genf 1948.

ders. (1761): Julie oder Die neue Héloise. Briefe zweier Liebenden aus einer kleinen Stadt am Fuße der Alpen. München 1978.

ders. (1762a): Der Gesellschaftsvertrag oder Die Grundsätze des

Staatsrechtes. Hrsg. v. H. Weinstock. Stuttgart 1975.
ders. (1762b): Emil oder Über die Erziehung. In neuer dt. Fassung besorgt v. L. Schmidts. 4. Aufl. Paderborn 1978.
Schopenhauer, A. (1851): Parerga und Paralipomena. Zweiter Band. (= Sämtliche Werke. Band 6) Wiesbaden 1961.
Sartre, J.P. (1943): Das Sein und das Nichts. Versuch einer phänomenologischen Ontologie. 6. Aufl. Reinbek 1976.
Wollenstonecraft, M. (1792): *A Vindication of the Rights of Woman.* Hrsg. v. M. Kramnick. Harmondsworth 1975.